아파트
민주주의

아파트 민주주의

슬기로운 아파트 회장 분투기

초판 1쇄 발행	2020년 6월 30일
초판 2쇄 발행	2022년 5월 30일

지은이	남기업
편집	김영미
표지디자인	스튜디오 진진

펴낸곳	이상북스
펴낸이	송성호
출판등록	제313-2009-7호(2009년 1월 13일)
주소	03958 서울시 마포구 망원로 19, 501호
전화번호	02-6082-2562
팩스	02-3144-2562
이메일	beditor@hanmail.net

ISBN 978-89-93690-73-6　(03300)

이 도서의 국립중앙도서관 출판예정도서목록(CIP)은 서지정보유통지원시스템 홈페이지
(http://seoji.nl.go.kr)와 국가자료공동목록시스템(http://www.nl.go.kr/kolisnet)에서
이용하실 수 있습니다. (CIP제어번호: CIP2020021805)

슬기로운 아파트 입주 분투기

아파트
민주주의

남기업 지음

상상
북스

우리에겐 제2, 제3의 남기업이 필요하다

이재명(경기도지사)

"여러분이 살고 계신 아파트는 괜찮습니까?"

지난여름 SNS를 통해 도민들에게 던졌던 질문이다. 나 역시 아파트에 살고 있고, 대한민국 전체 가구의 절반 이상(2018년 현재 50.1퍼센트)이 공동주택의 형태인 아파트에서 생활하고 있다. 그러나 저자의 말처럼 아파트의 가치가 '위치'로 결정되는 지금의 환경에서는 이 물음에 마음 편히 답변할 수 있는 사람이 거의 없을 것이다.

남기업 소장의 원고를 받은 것은 시린 바람이 한풀 꺾이고 봄소식이 들려올 무렵이었다. 인터넷 언론에 연재하던 파란만장했던 4년간의 아파트 회장 활동기 몇 편 읽을 때만 하더라도 나는 그저 '남기업 소장답다'라고만 생각했다. 경기도지사 출마 당시 '토지+자유연구소'를 운영하는 남 소장과 함께 경기도 주택 및 부동산 정책의 기본 골격을 만든 인연이 있던 터라 그의 전문성과 실력이면 '공정한 아파트 만들기' 역시 차고 넘치게 해낼 것이라는 믿음이 있었다. "누구나 토지에 대한 권리가 평등하다"는 연구소의 철학은 경기도의 부동산 정책과 맞닿아 있었기 때문에 그의 '실천'을 누구보다 지지하는 마음이었다.

'수난(受難) 극복기'라면 남부럽지 않은 이력을 가진 나조차도 남 소장의 글을 읽으며 생활적폐 청산이 결코 쉬운 길이 아님을 새삼 확인할 수 있었다.

사실 아파트 관리비 부정부패는 어제오늘의 문제가 아니다. 우리 모두가 겪고 있는 고질적인 생활적폐다. 적폐의 고리를 끊어낼 누군가가 절실히 필요하지만, 그 누군가가 내가 되어야 한다는 생각은 하지 못한다. 그렇다고 '왜 나서지 않느냐'고 비난할 수도 없다. 각자 생활에 바빠 자신이 낸 관리비가 제대로 운용되고 있는지 살펴볼 여력이 없기 때문이다. 그래서 그것을 해낸 남 소장의 용기와 도전이 대단하고, 그 기록이 더욱 귀하게 다가온다.

아파트 관리비는 '눈먼 돈'이 아니라 입주민들이 힘겹게 지불한 공금이다. 사리사욕을 채우느라 제도적 허점을 이용하는 행위는 절대 용납해서는 안 된다. 또한 개인이 부당한 권력에 대항하기 위해 적폐세력과 홀로 싸우는 희생 역시 없어야 한다.

관심을 가져야 문제가 보이고, 행동해야 바꿀 수 있지만, 주민 개개인의 참여를 끌어내는 것은 쉽지 않다. 특히 개인의 부와 연결된 부동산 문제는 그리 단순하지 않다. 개발이익에 대한 기대, 불로소득에 대한 기대가 아파트 관리에 더 관심을 갖지 않도록 만들고 있다. 희소한 국토자원이 지나치게 특정 소수에게 집중되고, 그것이 치부의 수단이 되면서 '부동산 공화국' '불로소득 공화국'이라 불릴 정도로 공정의 원칙이 통하지 않는 대표적인 영역이 되었다. 결국 불로소득 문제는 '토지' 소유에 대한 문제로 귀결될 수밖에 없다.

부동산 불로소득으로 인한 경제 흐름의 왜곡을 막기 위해서는 불로소득을 최소화해야 한다. 부동산을 통해 누군가는 더 부유해지고 누군가는 더 가난해지는 불평등을 이제는 해결하지 않으면 안 된다. 특히 아파트가 사는 곳, 즉 주거의 개념이 아니라 부의 증식 수단이 되는 것을 차단하는 대책을 시작으로 개발이익 환수, 기본소득형 국토보유세, 공공개발이익 도민환원제 도입 등 부동산 불로소득을 근절하는 방향으로 나아가야 한다.

우리가 가진 자원과 기회가 구성원에게 공평하게 배분되고, 공정한 경쟁이 보장되고, 각자 기여한 만큼의 몫이 확보된다면 그 사회는 발전할 수 있다. 그런 의미에서 이 책의 저자 남기업 박사가 삶의 터전에서 거둔 값진 승리는 '공정한 대한민국'에 한 걸음 더 다가가는 계기가 될 것이라고 생각한다. 이 값진 한 걸음이 뿌리 내리기 위해서는 마을 공동체 곳곳에 버티고, 싸우고, 개혁하는 보다 많은 '남기업'이 필요하다. 불공정에 대항하고, 변화를 꿈꾸는 더 많은 '남기업'이 나오길 기대한다. 나는 경기도의 수많은 '남기업'의 활동이 보장받을 수 있도록 아낌없는 지원을 해나갈 것이다.

아파트는 우리 삶의 일부가 되었다

염태영(수원시장)

아파트는 주택의 형태를 넘어 우리 삶의 일부가 되었다. 우리 수원에도 시민 열 명 중 일곱 명이 아파트에서 삶의 터전을 이루고 있다.

저자의 아파트 회장 4년간의 기록은 자신이 직접 겪었던 일을 바탕으로 우리나라 '아파트 민주주의'의 현실과 나아갈 길, 그리고 진정한 주민자치의 방향까지 제시하는 '아파트 연구서'다. 놀이터개선위원회, 전국 최초의 마을학교, 재난대응에 이르기까지 아파트 민주주의를 향한 뚝심 있는 발걸음을 치열하게 글로 담아냈다. 생활 민주주의의 기록서다. 내 삶과 삶터를 변화시키고 싶은 이들에게 일독을 권한다.

특히 부패한 동대표들에게 말할 수 없는 온갖 고초를 겪으면서도 주민들과 함께 변화를 만들어내고 나아가 새로운 아파트 문화를 창출하기까지의 과정은 정말 한 편의 드라마라 아니할 수 없다. "도시에서의 주민자치운동은 아파트가 중심이 되어야 한다"라는 저자의 당부가 기억에 남는다.

이 책 《아파트 민주주의》가 주민자치와 아파트 민주주의를 완성해 나가는 소중한 불씨가 될 수 있도록 수원시도 '아파트 주민자치'에 끝까지 함께하겠다.

정의로운 세상을 원하는 사람이라면
누구나 읽어야 할 책

안광수(수원성교회 담임목사)

내가 알고 있는 남기업 박사는 토지공개념제도를 연구해 나라 정책에 반영하기 위해 애쓰는 연구자다. 그런 그가 자기가 사는 아파트에서 회장이 되었다는 말을 처음 들었을 때 목회자로서 내심 걱정이 되었다. 상식적이고 정의롭게 아파트를 바꿔보려고 엄청난 시간과 에너지를 투입하지만 결국 아무것도 이루지 못한 채 고생만 하고 끝마치는 사례를 주위에서 종종 봐왔기 때문이다.

그런데 남 박사가 겪은 고통과 수난은 나의 상상을 훨씬 넘어서는 것이었다. 책을 읽으면서 사심에 눈이 먼 사람들의 끈질긴 괴롭힘을 당하는 모습에 마음이 아팠고, 그 모든 어려움을 극복하고 정의를 세워나가는 모습에 큰 감동을 받았다. 그리고 나라의 올바른 경영과 민주화가 작은 아파트에서 일어나는 부정과 불법, 투명하지 못한 운영과 무관하지 않다는 사실도 깨달았다.

이 책은 단순한 어느 아파트 회장의 분투기가 아니다. 아파트에서 일어나는 구조적인 부정과 불법의 원인이 무엇인지 구체적으로 밝혀내고 거기에 대한 분명한 대안을 제시하는 연구보고서요, 정책제안서다. 그러기에 이 책은 정치하는 사람이라면 반드시 읽어야 할 책이고, 행정에 관여하고 있는 사람 그리고 정의로운 세상을 원하는 사람이라면 누구나 읽어야 할 책이라고 생각한다.

이 책을 통해 전국의 모든 마을(아파트)마다 개혁의 바람이 불어 마침내 이 나라가 깨끗하고 정의로운 나라가 되기를 소망한다.

이 책은 정의가 승리한 기록이다

선대인(선대인경제연구소 소장)

"와, 정말 존경스럽습니다." 남기업 박사가 아파트 입주자대표회의 회장을 맡아 일하고 있다는 이야기를 처음 들었을 때 내 입에서 반사적으로 튀어나온 말이다. 흔히 사회적 지위와 명성을 가진 사람이 공적 봉사 차원에서 시간과 돈을 쓰는 경우는 많다. 하지만 아파트 회장은 완전히 다른 얘기다. 내가 알고 있는 상식선에서는, 제정신 가진 사람이 아파트 회장을 맡는다는 건 정말 쉬운 일이 아니다. 우리 생활공간 가장 가까운 곳에 있는 복마전일 가능성이 높기 때문이다. 그런데 그 어려운 일을 남 박사는 맡았고, 결국 적폐세력을 물리치고 개혁까지 이뤘다. 정말 대단한 능력과 인내심, 의지가 뒷받침되지 않고는 가능한 일이 아니다. 이 책을 읽어보면 그가 겪은 심신의 고초는 상상을 초월한다. 그 모든 일을 돌파해낸 그가 그래서 더욱 존경스럽다.

한국 사회는 고비 고비마다 큰 정치적·사회적 변화를 일구는 데는 비교적 능했다. 수백만의 시민들이 촛불을 들어 부정한 대통령을 좇아낼 수 있는 나라다. 하지만 우리는 이런 거시적 개혁에는 비교적 능하지만 우리 생활 주변의 미시적 개혁에는 능하지 못하다.

우리가 가장 많은 시간을 보내는 생활공간 또는 삶의 영역은 어디인가. 나는 직장과 아파트라고 생각한다. 그만큼 미시적 개혁, 생활 속 개혁에서 가장 중요한 두 영역이 바로 직장과 아파트라고 할 수 있다. 남 박사의 이 책《아파트 민주주의》는 오늘날 도시 거주민 대부분이 살아가는 아파트라는 생활영역에서 그동안 쌓인 적폐를 어떻게 몰아내고 주민들과 함께 민주주의와 공동체를 이룰 것인지를 제시한 귀한 책이다. 게다가 생생한 경험담이어서 매우 쉽게 읽히고 재미있다.

쓰라린 고초를 겪은 그에게는 미안한 말이지만, 나는 이 책을 읽는 동안 마치 모험 활극을 읽는 듯한 재미와 흥분, 감동을 느꼈다. 그것도 우리 모두가 좋아하는 권선징악과 해피엔딩의 스토리다. 모든 의로운 투쟁이 늘 승리하는 건 아니지만, 이 책은 정의가 승리한 기록이다. 저자 혼자 외롭게 시작했지만 마침내 많은 주민들이 함께하면서 일궈낸 승리의 기록이다. 그래서 더 값지다.

나는 대한민국의 모든 이들이 이 책을 읽어봤으면 좋겠다. 아파트 시세에만 관심을 쏟지 말고, 아파트를 좀 더 살기 좋은 곳으로 바꾸는 것에도 관심을 가져주면 좋겠다. 그것이 가장 중요한 생활 속 개혁의 영역인 아파트에서 민주주의와 공동체를 실현하는 출발점이 될 것이라고 믿는다. 전국 곳곳에서 그와 같은 출발점을 만드는 '아파트 개혁 선언문'으로서 이 책이 귀하게 쓰이길 바란다.

주민자치의 핵심은 아파트 민주주의다

안진걸(민생경제연구소장, 상지대 초빙교수, 전 참여연대 사무처장)

민주주의든 주민자치 발전이든 스스로 저절로 나아지는 법은 없다. 오직 우리 국민과 주민의 참여와 노력이 있을 때, 그만큼의 민주주의와 주민자치가 가능하다. 이 책은 저자 남기업 박사가 뜻있는 주민들과 함께 주민자치, 풀뿌리 민주주의의 가치를 지켜내고, 이를 더욱 발전시키기 위해 애쓴 눈물겨운 투쟁기이자 그 과정에서 벌어진 핵심적인 일들에 대한 매우 가치 있는 수기라고 할 수 있다.

　이 책은 우리나라가 정말 제대로 된 민주주의와 주민자치의 공동체로 발전하기 위해 반드시 한 번은 넘어야 할 아파트 공동체 내 다중다양한 비리와 불의 문제를 정면으로 다루고 있다. 누구나 그 문제의 심각성을 알면서도 제대로 맞서지 못했거나 회피했던 문제를 주거·부동산 문제의 전문가이자 성실한 민주시민인 저자가 꼼꼼히 기록해냈다.

더욱이 이 책은 한 의로운 주민의 투쟁기이자 수기로서의 내용만 담고 있는 것이 아니라, 아파트 공동체의 본질을 회복하고 아파트 민주주의, 나아가 주민자치와 풀뿌리 민주주의를 더욱 발전시켜 나갈 정책 대안까지 제시한다. 생각처럼 쉽지 않은 아파트 민주주의의 회복과 발전을 위해 헌신을 다한 저자 남기업 박사에게 다시 한 번 감사의 마음을 전한다.

추천의 글   04

저자 서문   18

제 1 부   **아파트 바다에 빠지다**

아파트는 작은 나라다   026

회장 당선, 이렇게 기쁠 줄이야!   032

해임의 서막이 오르다   038

서명서 위조까지 동원된 해임작전   045

투표 결과는 부결이었지만   051

끝나지 않는 해임작전   057

법원과 수원시가 동시에 내린 해임투표중지명령   063

'회장 해임'에서 '동대표 해임'으로 작전 변경   070

마지막 작전, 괴롭혀서 쫓아내기   076

행동대장 감사, 사이렌을 울리다   082

제 2 부   **수비 후 공격**

방어에서 공격으로, 연대를 시작하다   090

입주민들과 함께 이룬 수원시 정밀감사   096

적폐세력의 기획자, 관리소장 내보내기 작전 1   102

적폐세력의 기획자, 관리소장 내보내기 작전 2   109

행동대장, 감사 주저앉히기 작전 1   116

행동대장, 감사 주저앉히기 작전 2   122

직업이 동대표인 그가 사는 법   128

몸통, 동대표에서 해임당하다   134

적폐세력, 와르르 무너지다   138

제 3 부   **개혁, 시동을 걸다**

'저항'에서 '형성'으로 도약을 꿈꾸다   146

다시 회장이 되어 개혁에 착수하다   152

경비 서비스의 질을 개선하다   158

관리체계를 바로잡고 투명성을 높이다   164

제 4 부   주민들과 함께 만들어낸 작고 소중한 성취들

놀이터개선위원회: 참여를 통한 변화의 경험   172

마을학교: 갈등과 비리의 아파트에서 화합과 상식의 아파트로   178

포기를 모르는 '몸통'의 최후 발악과 사필귀정   184

푸드트럭과 나비정원: 함께, 꽃을 심고 물을 주고   189

재난사고: 공동체란 무엇인가?   195

마지막 임무: 좋은 동대표와 회장 선출하기   202

제 5 부   아파트 민주주의를 위하여

사람이 아니라 제도가 문제다   210

공동의 책임은 누구의 책임도 아니다   217

대표와 책임, 견제와 균형의 원리를 적용해야 한다   224

주민자치운동은 아파트공동체운동을 중심에 두어야 한다   235

내 삶의 계획표에 아파트 회장은 들어 있지 않았다. 아파트에 회장이란 직책이 있는지도 몰랐다. 아니, 알았어도 관심을 두지 않았을 것이다. 부끄러운 고백이지만, 평소 나는 지역과 마을을 바꾸기 위해 애쓰는 분들의 노고를 그다지 높게 평가하지 않았다. 국가의 기본 구조를 개혁하면 지역과 마을은 자연스럽게 바뀔 것이라고 보았기 때문이다. 큰 톱니바퀴를 움직이면 작은 톱니바퀴는 뒤따라오는 것처럼 말이다.

물론 내 생각에도 일리가 있다. 그러나 아래로부터의 변화, 작은 단위의 변화가 여기저기서 나타나고 모여야 큰 단위의 변화도 가능하다는 것도 맞는 말이다. 또 지역 주민들과 함께 변화를 모색·고민하다 보면 결국 국가 차원에서의 제도개혁이 필요하다는 것을 알게 되고, 이것은 나라 전체를 변화시키는 동력이 된다. 이렇게 변화와 개혁은

쌍방향이다. '아파트 활동'을 하면서 지역에서 묵묵히 구슬땀을 흘리는 분들에 대한 존경심이 자연스럽게 커졌다.

2016년 2월, 한창 아파트 회장 해임 건에 시달리던 어느 날 나를 위로하러 일부러 서울에서 내려온 친구가 있었다. 그 친구는 내게 이런저런 위로의 말을 하면서 대뜸 이 고통의 시간을 인내하고 극복해 아파트를 변화시킨 다음 그 경험담을 책으로 내면 좋겠다고 했다. 당시 나는 아파트 회장을 맡은 것을 무척 후회하고 있었기 때문에 무슨 뚱딴지같은 소린가 했다. 책은 고사하고 당장 해임당하지 않고 임기나 마치면 좋겠다고 말했던 기억이 난다.

2015년 10월 중순부터 시작된 회장 임기 초부터 나는 내가 겪은 일을 SNS에 올렸다. 버틸 힘, 즉 위로와 격려가 절실했기 때문이다. 세 번의 불법 해임투표 이야기, 고소·고발로 인해 검찰과 경찰에 출두해 조사받은 이야기, 재판 이야기, 한 달에 1-2회 개최되던 회의에서 짐승 같은 동대표들에게 온갖 모욕과 수치를 당한 이야기 등을 공유하며 큰 힘을 얻었다. 이런 글이 알려졌는지 내 경험담을 책으로 내면 어떻겠냐는 출판사들의 제안이 들어왔다. 하지만 바로 거절했다. 실생활의 경험을 글로 써서 책으로 내본 적이 없어 엄두가 나지 않기도 했고, 제안받았던 당시엔 수난(受難)의 내용만 있었기 때문이다.

그렇게 시간은 흘러 회장을 한 지 3년 8개월이 지난 2019년 5월, 그러니까 2년 동안의 고생 끝에 못된 동대표들을 몰아냈을 뿐 아니라 처벌도 하고, 아파트 분위기를 한참 바꾸고 있던 때였다. 그때 공교롭게도 내가 소장으로 있는 '토지+자유연구소'가 진행하는 유튜브 채널 〈강남이 온다〉에서 이 내용을 다룰 기회가 주어졌다. 4회에 걸쳐 진행한 촬영에서 나는 그동안의 경험을 '수난→ 방어→ 공격→ 개혁' 순으로 정리했고, 작업하면서 책으로 내도 되겠다는 생각을 처음 하게 되었다. 이런 생각엔 나의 아파트 '수난과 개혁의 모든 역사'에 대해 자세히 알고 있던 우리 연구소의 이태경 부소장의 격려가 크게 영향을 끼쳤다.

책을 쓸 생각을 하고 2019년 7월부터 30회 기고를 목표로 일주일에 한 번씩 〈오마이뉴스〉에 본격적으로 연재를 시작했다. 싸우는 이야기여서인지 예상외로 반응이 뜨거웠다. 어떤 독자는 1주에 1회는 너무 느리니 2회씩 내면 어떻겠냐는 제안까지 해왔다. 그러던 차에 이상북스에서 출간을 제안해와 세상에 나오게 되었다.

이 책에는 파란만장한 나의 소중한 경험이 들어 있다. 어떻게 21세기에 이런 일이 일어날 수 있는지, 혹시 재미를 더하기 위한 픽션이 가미된 게 아닌지 생각할 수도 있겠다. 하지만 책 내용은 모두 사실이다. 아니 개인의 프라이버시 때문에 차마 올리지 못한 내용도 많다. 현실은 훨씬 고통스럽고 참담했으며, 한편으론 드라마틱했다.

이 책을 읽으면서 혹자는 '원래 강단이 있는 사람인가보다, 그 힘든 걸 견디고 변화를 만들어냈으니'라고 생각할지 모르겠다. 그러나 나는 그리 용감한 사람이 아니다. 태생적으로 수줍음이 많고, 학위를 한 지 15년이 지난 지금도 강의를 하거나 인터뷰를 하면 긴장한다. 토지공개념과 부동산 개혁에 관해 연구하고 글을 쓰는 게 더 편한 사람이다. 도망갈 수 없었기에 그저 버틴 것이고, 버티고만 있을 수 없기에 개혁과 변화를 시도한 것이다.

하지만 이 책이 나의 무용담으로 끝나지 않고 아파트 운영 구조에 대한 제도개혁의 마중물이 되면 좋겠다. 나의 '분투기'는 사실 사람의 문제가 아니라 제도의 문제 때문에 일어난 일이라고 봐야 한다. 견제와 균형, 대표와 책임의 원리가 제대로 제도화되어 있었다면 이렇게까지 고생하지 않아도 되었을 일이다. 또한 제도가 개혁되어 있었다면, 나를 2년 동안 괴롭혔던 동대표들처럼 사심(私心)이 가득하고 분별력이 떨어지는 사람들이 동대표가 될 생각도 하지 않았을 것이고, 한편으로 생각해 보면 얼마 전에 일어난 입주민의 갑질로 인한 경비원의 자살 같은 끔찍한 사건도 벌어지지 않았을 것이다. 사람을 죽음까지 이르게 하는 '갑질'은 이제 아파트에서 발붙이게 해서는 안 된다. 이런 마음으로 나는 이 책에서 아파트 민주주의를 꽃피울 수 있는 제도개혁의 대안을 제시했다. 나처럼 고통받는 아파트 회장이 다시 나오지 않기를 바라는 마음으로, 나아가 타인의 물리적·정신적 폭력으로 인해 자신의 삶을 포기하는 비극적 사건이 종식되기를 바라는 마음으로.

저자로서 또 하나 바라는 게 있다면, 이 책이 '아파트' 민주주의를 위한 하나의 교재가 되는 것이다. 지방자치가 시작된 1990년대 초엔 '풀뿌리 민주주의'라는 말이 널리 쓰였고, 요즘은 '주민자치' '마을만들기'란 용어가 두루 사용되고 있으며, 나아가 '마을공화국'이란 말도 종종 회자되고 있다. 그러나 대한민국 전체 가구의 절반 이상(2018년 현재 50.1퍼센트)이 거주하는 곳이 아파트인 이상 이제 '마을' 하면 '아파트'를 떠올려야 한다. 민주주의를 꽃피울 곳, 자치가 실현되고 체험되어야 할 최소 공간 단위가 '아파트'라는 것이다. '아파트' 민주주의의 성공이 '국가' 민주주의의 성공의 열쇠가 될 것이다.

지금도 전국 각지에서 아파트 민주주의를 위해 홀로 외롭게 분투하며 때론 눈물짓는 사람들이 상당할 것이다. 힘을 내라고 하고 싶다. 아니 정 힘들면 내려놔도 된다고 말해주고 싶다. 그리고 아파트 공동체를 일구기 위한 당신의 노력은 그 어떤 것보다 위대한 일이라고 격려해주고 싶다. 비록 당장 성과를 내지 못했더라도….

책 출판에 도움을 주신 분들께 감사의 맘을 전한다. 6개월 이상 주말마다 책상에 죽치고 앉아 쓴 칼럼의 초고를 읽어준 아내 조영임과 아들 재현, 딸 성현에게 고마움을 전한다. 가족들은 아파트 때문에 내가 고생할 때 같이 아파하고 걱정해주고 같이 흥분해준, 말하자면 '전우'였다. 나의 고통을 말없이 위로해주고 격려해주고 초고를 읽어준 수원성교회 사회환경선교부의 이선옥·최오현·송재원·남철우·장우진 님과, 내가 힘들어할 때마다 나를 불러내어 맛난 걸 사주며 힘내라고 격려해준 나의 죽마고우 희동이와 철규에게 고마운 마음을 표하고 싶다. 또 함께해주고 지지해준 아파트의 수많은 입주민들, 그중에서도 나를 옹호하느라 못된 동대표들에게 고초를 겪은 고영봉, 박해성, 차영순 님에게 특별한 감사를 드린다. 빈틈없는 논리와 놀라운 집중력으로 나를 변호·자문해준 법무법인 〈에셀〉의 오재욱 변호사에게도 고마움을 표하고 싶다.

마지막으로 멋진 추천사를 써주신 다섯 분, 경기도에서 공정사회를 구현하기 위해 날마다 분투하는 이재명 경기도지사님, 다른 지자체와 달리 적극적 행정으로 큰 도움을 준 염태영 수원시장님, 나의 작은아버지처럼 항상 따뜻한 격려와 지지를 보내주시는 안광수 목사님, 함

께 '경기도부동산정책위원회'에서 애쓰고 있는 선대인 소장님, 시민사
회 영역에서 중요한 역할을 감당하고 있는 안진걸 소장님에게도 감사
의 맘을 전한다.

2020년 초여름

남산 아래 희년평화빌딩에서

남기업

제1부

아파트 바다에 빠지다

아파트는 작은 나라다

'아파트' 하면 대한민국 사람들에게 무엇이 떠오를까? 우리에게 아파트는 단순한 주거 공간으로만 인식되지 않는다. '아파트 공화국'이란 말이 나올 정도로 아파트는 욕망의 대상, 즉 돈벌이 대상이기도 하다. 이 '욕망의 대상'을 '주거의 대상'으로 바꾸는 이론과 정책을 연구하는 것이 지금 내가 하는 일이지만, 나에겐 아파트 하면 '입주자대표회의'가 가장 먼저 떠오른다. 파란만장한 입주자대표회의의 회장을 한 번도 아니고 두 번, 그러니까 4년을 역임했기 때문이다.

　나는 어쩌다가 아파트 동대표, 나아가 입주자대표회의 회장이 되려고 했을까. 내게 집은 그냥 쉼의 공간이었는데. 동대표로 출마하기 전에는 관리사무소가 어디에 있는지, 동대표가 왜 필요한지도 몰랐으니 더 말해 뭐할까 싶다.

통장이 있는데 동대표가 왜 필요할까

동대표는 대체 왜 필요한 걸까? 통장만 있으면 되지 않을까? 이렇게 생각하는 사람이 적지 않을 것이다. 나도 그랬다.

동대표가 필요한 이유는 아파트가 공동주택이기 때문이다. 아파트는 함께 관리해야 할 공유부분이 있고 각 세대가 책임져야 할 세대부분이 있다. 각 세대부분의 관리, 예컨대 도배, 장판, 인테리어 등은 각 세대가 자기 돈을 투입해 스스로 관리하지만, 주차공간, 아파트 내 도로, 각 동 앞의 화단과 조경뿐만 아니라 보이지 않는 배관, 큰돈이 들어가는 도색, 엘리베이터 교체 등은 개별 세대가 관리할 수 없다.

함께 사용하는 엘리베이터가 고장 날 때마다 원인을 밝혀내고 원인 제공자를 가려내 비용을 부담하라고 할 순 없는 노릇이다. 이렇게 아파트는 단독주택과 달리 '공동'으로 관리해야 할 부분이 있어 '공동주택'이라고 부르는 것이다.

그런데 공유공간은 아파트 소유권자들의 재산이고, 공동재산인 공유공간을 관리하려면 재산권자들이 나설 수밖에 없다. 아파트를 공공이 관리할 수 없는 이유다. 그래서 아파트 입주민들이 아파트 소유자 중 아파트 관리의 책임을 맡을 대표를 선출하고, 그들이 입주자대표회의를 구성해 아파트의 관리·운영을 전담하고, 이를 효과적으로 수행하기 위해 관리사무소를 두는 것이다.

그렇다. 단독주택과는 다른 아파트의 특수성으로 인해 입주민들이 대표를 선출하고, 대표들로 구성된 입주자대표회의가 관리비를 얼마를 거둘지, 공유부분의 수선을 어떻게 할지, 장터 운영자를 어떤 방식으로 선정하고 운영할지, 재활용품 판매에서 발생하는 수익을 어디에 얼마만큼 쓸지를 결정한다. 종합해 보면 아파트 운영에는 결국 대의민주주의 원리가 그대로 적용된다는 것을 알 수 있다.

아파트의 모든 권력은 입주민으로부터 나온다

그래서 아파트를 '작은 나라'라고 부르는 것이다. 국가의 역할이 국민의 생명과 재산을 보호하는 것이듯, 아파트에서 선출된 대표들과 관리사무소는 각 세대의 재산을 보호하고 입주민의 기본 안전을 책임진다. 나라의 모든 권력이 국민으로부터 나오듯 아파트의 모든 권력도 입주민으로부터 나온다.

나라에서 세금을 거두듯 아파트에서는 관리비를 거두고, 거둔 세금으로 공무원 급여를 주듯 아파트에서는 관리비로 관리사무소 직원들과 경비원 및 미화원들에게 급여를 지급하며, 나라에서 세금으로 도로와 각종 기반시설을 구축하고 유지·보수 비용을 지출하듯 아파트에서도 관리비로 아파트 내 도로를 유지·보수하고 가로등을 고친다. 국가에 국민의 대표를 선출하는 업무를 담당하는 선거관리위원회가 있듯이 아파트에서도 대표를 선출하는 기구인 선거관리위원회를 별도로 조직한다.

그렇다고 해서 아파트 운영을 동대표들이 마음대로 할 수 있는 것은 아니다. 하고 싶은 공사를 마음대로 할 수 없고, 관리비도 함부로 올릴 수 없다. 운영의 기본 틀을 제시하는 공동주택관리법이 있고, 공동주택관리법 하위에 아파트마다 각각 관리규약과 규정을 둔다. 법과 원칙을 벗어나 아파트를 운영할 수는 없다.

이것은 국가를 헌법과 법률에 따라 운영하는 것과 똑같다. 국가의 헌법을 개정할 때 국민투표를 거치듯이, 각 아파트의 헌법이라 할 수 있는 관리규약을 개정할 때 역시 입주민들의 찬반·동의 절차를 거쳐야 한다.

정치학을 전공한 내가 이 원리를 깨우친 것은 불과 4년밖에 되지 않았다. 참 한심한 일이다. 한 나라와 다름없는 '작은 공화국'에 살면서 그 운영원리에 무지했으니 말이다. 나랏일에 대해서는 이런저런 말을 쏟아내고 좋은 방안을 모색하면서 정작 마을 일에는 눈길조차 주지 않았다.

입주자대표회의가 시끄러운 이유

그런데 입주자대표회의는 왜 그렇게 시끄러울까? 아파트는 왜 '민주주의'의 '민' 자도 꺼낼 수 없을 정도로 몰상식의 경연장이 되어버렸을까? 어떤 이는 관리사무소 직원들의 무능을 탓하고 수준 낮은 동대표들을 지적하지만, 내가 보기에 근본 원인은 입주민들이 과거의 나처럼 아파트 일에 무관심하기 때문이다. 그런 까닭에 시원찮은 입주민이 동대표가 되는 것이고, 엄청난 비리가 발견되어도 그냥 넘어가는 것이다(물론 무관심을 조장하는 제도가 근본 원인인데, 이 내용은 후반부에서 다룰 것이다).

아파트 비리가 드러나면 입주민들이 관리사무소를 방문해 동대표들이 어떻게 이럴 수 있느냐며 핏대를 올리지만, 냉정하게 말해 문제의 원인은 자기 자신에게 있다. 무능한 국회의원을 선출해놓고, 아니 국회의원 선거 날에 여행이나 가면서 국회가 일하지 않는다고 욕하는 것과 마찬가지다. 하지만 국회나 행정부, 그리고 가장 작은 단위인 시의회에도 감시하고 참여하는 미디어와 시민이 있지만, 아파트는 대다수 입주민이 무관심하니 감시 기능이 작동할 리 만무하다.

악화가 양화 구축하는 입주자대표회의

우리나라 아파트의 연간 관리비 총액이 무려 15조 원에 달한다고 한다. 이 어마어마한 돈의 용처를 바로 동대표들이 결정하기 때문에 엉뚱한 사람들이 관심을 갖게 되는 것은 어찌 보면 당연하다. 그래서 입주자대표회의는 각종 공사에서 뒷돈을 챙길 욕심이 있는 사람들, 관리사무소 직원들에게 '회장님' 또는 '대표님'이란 소리를 듣기 좋아하는 사람들, 정기회의 때 지급되는 회의비나 임원 수당을 생활비에 보태고 싶은 사람들의 놀이터가 되어버렸다.

더 큰 문제는 입주자대표회의를 이런 사람들이 점령하고 있으니 상식적인 사람들은 더 멀리한다는 점이다. 바쁘기도 하고 괜히 관심을 가졌다가 낭패를 보기 십상이기 때문이다. 요컨대 악화가 양화를 구축하는 곳이 바로 입주자대표회의다.

그 입주자대표회의의 구성원이 되겠다고, 즉 동대표가 되겠다고 출마를 결심했을 때가 바로 2015년 9월이다. 그 이후 2년 동안 나는 동대표가 된 걸 얼마나 후회했는지 모른다. 내가 아파트 바다에 빠져 익사 직전까지 가리라고는 상상조차 하지 못했다.

회장 당선,
이렇게 기쁠 줄이야!

2015년 9월 어느 날, 같은 아파트에 사는 지인이 할 말이 있다며 나를 찾아왔다. 무슨 일인가 했더니, 동대표 선거에 출마해달라는 부탁이었다. 동대표? 관리사무소가 어딨는지도 모르는 내가 어떻게 동대표를 할 수 있겠느냐며, 다른 사람에게 부탁하라고 하면서 완곡하게 거절했다.

그랬더니 그는 한 달에 한 번 열리는 회의에 와서 상식적 판단만 하면 되니 걱정할 게 없다고 했다. 그런데도 내가 망설이자 "정의를 입에 달고 살면서 자기가 사는 동네 일에는 왜 이렇게 관심이 없느냐, 나라의 변화도 가장 작은 단위인 마을이 바뀌어야 가능한 거 아니냐"라며 충고를 하는 게 아닌가.

고민스러웠다. 특히 '정의를 입에 달고 다닌다'는 말에 부끄러웠고,

작은 단위의 변화가 중요하다는 말은 도전으로 다가왔다.

동대표 선거

나를 가장 고민스럽게 한 건 아파트에 심각한 갈등이 있다는 것이었다. 선거는 당시 동대표들과 전임 동대표들 간의 일종의 전쟁 성격이 짙었다. 당시 동대표들은 전임 동대표들이 임기를 마친 상태에서 동대표가 된 게 아니라, 잔여 임기가 한참 남은 동대표들을 해임시키고 입주자대표회의를 접수한 사람들이었다.

당시 동대표들은 전임 동대표들이 진행한 페인트 공사에서 업체 선정에 비리가 있다며 비상대책위원회를 조직해 입주민들에게 유인물을 뿌리고 동대표 해임을 밀어붙인 후 동대표가 되자마자 전임 동대표들을 형사고발까지 했다. 그런데 검찰수사 결과 혐의가 없을 뿐만 아니라 공사업체 선정 절차에 아무 하자가 없다는 것이 밝혀진 게 아닌가. 억울할 수밖에 없었던 전임 동대표들이 다시 동대표가 되어 합법적으로 복수하겠다는 계획을 세운 것은 어찌 보면 당연한 일이었다.

내게 동대표를 권한 지인이 바로 전임 동대표 중 한 사람이었으므로, 만약 출마해서 당선되면 원치 않은 갈등 속에 빠져들지도 모를 일이었다. 겁이 났다. 염려하는 나에게 지인은 합법적이고 상식적으로 처리할 것이니 걱정하지 말라고 했다. 고민은 되었지만, 평소 신뢰할 수 있었던 사람이기에 결국 출마하는 쪽으로 마음을 굳혔다. 작은 단위의 변화가 갖는 중요성에 대한 인식도 출마를 결심한 이유 중 하나였다.

그런데 이게 웬일인가. 동대표 선거 결과는 참패였다. 지인 그룹은 모두 낙선했고, 나만 겨우 당선되었다. 회장이 되겠다던 지인은 동대표도 되지 못했다.

내친김에 회장 선거까지

난감한 일이었다. 당선의 기쁨도 잠시, 나는 동대표 활동을 할 것인가를 놓고 고민에 빠졌다. 우선 지인이 떨어졌고, 지인과 대결하고 있는 당시 동대표들이 대거 당선되었으니 그들과 함께 동대표 활동을 할 자신이 없었다. 당선은 되었지만 동대표를 그만둘까도 생각했다.

그런 나에게 지인은 한술 더 떠서 회장에 출마해보라고 권하는 것 아닌가. 그러면서 그는 "당신은 이런저런 활동을 하면서 토론도 많이 하고 회의 주재도 많이 해봤으니 잘할 것이다. 아파트 갈등을 해소할 수 있는 역량을 지녔다. 또 회장 역할에 그렇게 큰 에너지가 들지도 않는다. 한 달에 한두 번 회의를 주재하고 두 번만 결제하면 된다"라며 나를 북돋우며 설득했다.

이 지점에서 귀가 얇은 나의 '단점'과 무슨 일이든 낙관적으로 전망하는 특유의 '장점'이 결합하는 사태가 벌어졌다. 회장 출마를 결심한 것이다. 이왕 아파트 활동을 할 거면 동대표보다 회장이 되어 제대로 해보는 게 낫지 않을까 하는 생각도 들었다. 또 성격이 원만하니 아파트 갈등을 잘 해결할 수 있으리라는 근거 없는 자신감도 생겨났다.

그리고 이상하게도 작은 단위에서의 성공 경험을 맛보고 싶다는 욕구도 더 커졌다. 이렇게 생각을 굳힌 후 나는 최종적으로 내가 일하는 연구소 사람들과 의논했다. 아파트 회장 활동이 연구소에 마이너스가 될 수도 있었기 때문이다. 역시 낙관적(?)인 연구소 사람들도 흔쾌히 동의해주었다. 좋은 사례를 만들면 좋겠다는 덕담까지 하면서.

초등학생과 대학생의 싸움

회장 선거에서 맞붙은 사람은 당시 회장이었고 우리 아파트에서 회장만 무려 네 번이나 한, 한마디로 우리 아파트의 '거물'이었다. 아파트 운영과 관련한 지식 면에서 비교해보자면 그는 대학생이고 나는 초등학생이나 다름없었다. 직업이 '아파트 회장'으로 알려진 그는 거의 매일 관리사무소에 출근하다시피 했다고 한다. 나이도 나보다 열 살 정도 많았다.

선거에 나섰으니 반드시 이겨야 하는데, 투표 날이 다가오자 떨어질 것 같은 불길한 예감이 들었다. 선거가 공정하게 치러질 것 같지 않아서였다. 아파트 관리사무소 직원들을 포함해 40명 가까이 되는 유급직원들 모두가 당시 회장이었던 상대 후보에게 도움을 주지 않을까 하는 의심이 들었고, 무엇보다 상대 후보는 목적을 위해서라면 수단과 방법을 가리지 않는 사람이라는 소문도 무성했기 때문이다.

38표 차로 당선되다!

아파트 선거는 게시판에 공고문을 붙이는 것 외에 따로 선거운동이랄 것이 없었다. 유인물을 돌리거나 현수막을 걸 수는 있지만, 그럴 분위기는 아니었다. 나는 공약을 다섯 가지나 내걸었는데, 핵심은 투명한 아파트를 만들겠다는 것이었다. 투명성을 높이면 비리를 예방하고 갈등도 줄어들 것이라는 단순한 생각에서 나온 공약이었다. 그 이상의 공약은 낼 수도 없었다. 아파트에 관해 아는 게 없었기 때문이다.

개표 결과는 당선이었다. 38표 차가 났는데, 놀라운 건 투표율이 25퍼센트에 육박했다는 점이다. 우리 아파트 25년 역사상 처음 있는 일이라고 했다. 역대 회장 투표율이 15퍼센트 안팎이었다는 걸 생각하면 특이한 일이 일어난 것이다.

어느 아파트나 아파트 일에 관심 있는 입주민은 대략 20퍼센트 정도라고 한다. 나머지 80퍼센트는 아파트 일에 전혀 관심이 없다. 이들은 소수가 담합해 엄청난 비리를 저지른 것이 명백히 드러나도, 그 비리가 초래한 갈등으로 인해 심지어 폭력사태가 벌어져도 그다지 관심을 두지 않는다. 가끔 혀나 끌끌 찰 뿐이다. 그런데 어째서 투표율이 이렇게 높아진 것일까?

내 생각엔 변화에 대한 아파트 입주민들의 열망이 주된 원인이 아니었을까 싶다. 회장을 네 번씩이나 했던 '거물'이 과거의 갈등을 풀지 못했고, 그가 회장으로 재임 시 추진했던 각종 공사에 대해 많은 입주민이 의혹을 가지고 있었다. 그리고 한편으론 약간 신선해 보일 수 있는 내 이력도 당선의 원인이었을 것 같다.

선거에 출마해 당선된 것이 난생 처음이라 그 기쁨은 이루 말할 수 없이 컸다. 좀 과장해 말하면 세상을 다 얻은 기분이었다. 아파트 회장 당선이 이렇게 좋은데, 실제로 공직 선거에서 당선된 사람은 얼마나 좋을까 하는 생각도 들었다.

당선 후 관리사무소에 가니 직원들이 거의 90도로 인사를 했다. 거만하기 짝이 없다고 소문난 관리소장도 깍듯했다. 전임 회장, 그러니까 나와 회장 선거에서 겨루었던 '거물'과 업무 인수인계를 위해 만났는데, 인상은 별로였지만 별문제는 없어 보였다. 당선을 축하한다며 웃으며 손을 내미는 여유도 보였다.

회장 업무 인수인계를 마친 후 관리소장이 나를 데리고 아파트 구석구석을 다니며 설명해주었다. 갑자기 내가 무슨 대단한 사람이 된 것 같은 착각이 들 정도로 그의 태도는 극진했다. 회장 역할을 잘할 수 있을 것 같은 자신감이 마구 커졌다. 적어도 두 번째 회의 전까지는.

해임의 서막이 오르다

아파트에서 가장 힘이 센 사람은 '회장'이다. 물론 회장이 가진 힘은 입주민에게서 나온다. 선거를 통해 입주민들이 자신의 권한을 회장에게 위임한 것이다. 회장의 가장 중요한 역할은 정기회의와 임시회의를 소집하고 주재하는 일이다. 그런데 회장은 단순히 회의의 사회만 보는 게 아니다. 회장의 힘은 사회권보다는 회의의 안건을 상정할 수 있는 권한에서 나온다. 물론 동대표 1/3이 제안하거나 입주민 20명 이상이 청원하면 안건 상정이 가능하지만, 그런 일은 거의 없다.

회장이 안건을 확정하면 관리소장은 안건에 관한 회의자료를 만든다. 관리소장은 입주자대표회의의 업무를 지원할 책무가 있기 때문이다. 이렇게 작성된 회의자료가 회의 전에 동대표들에게 송부되면 그들은 그 자료를 검토한 후 회의에 출석한다.

회의에서 토론을 거쳐 의결하지만, 사실 안건에 대한 이해와 본질에 대한 파악 정도는 회장과 그의 영향 아래 있는 소장이 가장 높기 때문에 특이한 경우가 아니면 회장(과 소장)이 의도한 대로 결정되고, 결정된 사항은 관리사무소가 실행하게 된다. 이렇게 '안건 확정→ 회의 자료 작성→ 회의를 통한 의결→ 관리사무소의 의결사항 실행'이라는 일련의 절차를 생각하면, 게다가 회장이 도장을 찍지 않으면 아파트의 돈은 한푼도 외부로 나갈 수 없는 것을 생각하면, 아파트의 전체 운영을 회장이 좌우한다고 해도 과언이 아니다.

회장의 권한이 이렇게 막강하지만, 얼떨결에 회장이 된 나에게는, 더구나 우호적인 동대표가 전혀 없었던 나에게는 권한 자체가 큰 부담이었다. 막강한 권한 자체가 무거운 책임감이었기 때문이다. 게다가 나는 아파트 운영과 관련해 아는 것이 거의 없었다.

자신감을 얻은 첫 번째 회의

동대표로 선출된 사람은 모두 열다섯 명이었다. 인적 구성을 보면, 중립적인 사람이 세 명이었고(이들은 두 번째 회의부터 내게 우호적이 되었다), 나머지 열한 명은 나에게 적대적이었다. 그들은 회장 선거에서 나와 겨뤘던 사람, 그러니까 우리 아파트에서 회장만 네 번 했던 사람, 직업이 동대표라고 알려진 그 '거물'을 중심으로 똘똘 뭉쳐 있었다.

그들이 나에게 적대적인 직접적 원인은 내게 동대표 출마를 권했던 지인이 그들과 갈등관계였기 때문일 것이다. '남 회장은 우리가 과거에 해임시킨 동대표들의 대리자이고, 저들이 남기업을 통해 복수하려 할지도 모른다'라고 여기는 것 같았다. 그리고 연구와 사회개혁 운동을 해온 내가 가진 '독특한' 경력도 적대감을 형성하게 된 배경으로 보였다.

드디어 2015년 10월 21일 첫 번째 회의가 열렸다. 긴장한 나는 연차를 내고 온종일 관리사무소에 앉아 회의를 준비했다. '첫날부터 저들이 나를 공격하면 어떡하지' 하는 걱정이 앞섰다. 회의의 모두 발언을 준비하고 안건 하나하나를 꼼꼼히 검토했다. 회의 준비를 도운 사람은 관리소장이었다. 나는 궁금한 게 있을 때마다 관리소장에게 물었고, 그는 친절하게 설명해주었다. 경리 주임에게 재무제표 보는 법도 배우고 익혔다.

저녁 7시 30분에 회의를 시작했다. 회의 시작 전 각자 자기소개를 하고 동대표 활동을 통해 이루고 싶은 걸 나누는 시간을 가졌다. 나의 목표는 투명성 강화라는 점을 강조했고, 아파트에 대해 모르는 게 많으니 잘 지도해달라고 공손하게 요청했다. 딱딱했던 초반의 분위기는 어느새 부드러워졌다.

첫 회의에서 가장 중요한 안건은 임원 선출이었다. 회장과 감사 두 명은 입주민이 직접 선출했지만, 총무·환경·기술 이사는 호선이었다. 선출하고 보니 내게 적대적인 사람들이 임원 자리를 다 차지했다. 미리 짜고 온 분위기가 역력했지만 그들이 다수이니 어쩔 수 없었다. 선출과정 자체에도 문제가 없었다. 임원 선출 후 다른 안건은 좋은 분위기 속에서 토론하고 의결했다.

중간중간 농담도 하면서 회의를 성공적으로 이끌었다. '역시 나는 잘하는구나!' 하는 자신감이 생겼다. 회의를 마치고 회식을 하면서 분위기는 더 화기애애해졌고, 적대적이라고 여겼던 동대표들도 내게 덕담을 건네며 잘해보자고 했다.

그 후 나는 동대표들과 개별적인 만남을 시도했다. 공식 회의보다 비공식적인 만남이 더 중요하기 때문이다. 먼저 중립적인 세 사람을 만나 아파트에 대한 서로의 생각과 각자 사는 이야기를 나눴다. 그들은 완전히 내 편이 되었다. '거물'도 만났다. 그는 입주민들이 자기를 오해한다고 하면서 그동안 자기가 아파트를 위해 얼마나 '헌신'했는지 장황하게 떠벌렸다. 재산 자랑을 하는 건 좀 유치하고 거슬렸지만, 나쁘진 않았다. '거물'을 만난 후 잘할 수 있겠다는 자신감이 더 커졌다. 아파트의 갈등을 해결하는 피스메이커가 될 수도 있겠다는 생각도 들었다.

완장 찬 감사의 거친 공격으로 점철된 두 번째 회의

그런데 이게 웬일인가? 2015년 11월 20일 두 번째 회의에서부터 이상한 조짐이 느껴졌다. 감사가 감사보고를 하다가 갑자기 나를 코너로 모는 게 아닌가? 그는 감사가 회장을 포함해 입주자대표회의 전체를 감시하는 역할도 할 수 있다며 마구 칼을 휘둘러댔다.

그는 먼저 내가 회장으로서 단행한 회의록 공개를 문제 삼았다. '투명성 강화'를 공약으로 내건 나는 정기회의나 임시회의의 결과뿐 아니라 회의록도 홈페이지에 공개하겠다고 선언했고, 그것을 실행에 옮겼다. 당시까지 관리사무소는 녹취록 수준으로 회의록을 만들어놓고는 공개하지 않았는데, 첫 번째 회의를 마치고 내가 공개하도록 한 것이다.

감사는 회의록 공개가 동대표 의결사항이라고 주장했다. 회의록 공개에 반대하지는 않지만 왜 회장이 혼자 공개를 결정했느냐는 것이었다. 그리고 회의록을 공개하면 동대표들의 이름이 나올 수밖에 없는데, 그것이 개인정보보호법에 위배된다는 황당한 주장도 덧붙였다.

나는 회의록 공개는 의결사항이 아니라 의무사항이며, 개인정보를 보호받으려면 동대표를 왜 하느냐고 맞섰다. 그리고 회의록 공개가 다소 불편할 순 있지만 이렇게 해야 입주민의 신뢰가 높아지고, 우리도 좀 더 신중하게 발언하게 되며, 결국 회의의 질도 높아진다는 논리로 설득했다.

하지만 막무가내였다. 호통을 치며 발언을 이어갔는데, 논리가 밀리는 것 같으면 다른 사람이 벌떡 일어나 나를 꾸짖었다. 더 황당한 것은 아파트에 이런저런 공사가 있었는데 회장은 그 공사현장에 와봤느냐고 '심문'하듯 묻는 것이었다. 검찰이 취조하는 것 같은 분위기였다. 감사보고에 집중해달라고 정중히 요청했지만 소용없었다. 그리고 낮엔 직장에 있기 때문에 공사현장에 가보는 것이 불가능하다고 대답했더니 무책임하다고 비난하는 게 아닌가. 그래서 발언을 마무리해달라고 요청하니 이번에는 다른 동대표가 벌떡 일어나더니 "왜 감사님이 발언하는데 말을 막느냐"며 소리를 질렀다. 서로 입을 맞추고 들어온 것이다.

이런 식으로 회의가 3시간 30분 동안 진행되었다. 진이 빠졌다. 집에 와서 확인 차원에서 회의록 공개와 관련된 관리규약의 내용을 찾아보았다. 역시 회의록 공개는 의결사항이 아니라 의무사항이었다. 그런데 이런 것을 잘 알고 있을 관리소장은 왜 가만히 있었던 것일까? 지인이 알려준 것처럼 그쪽 편이어서 그런 건가? 그리고 감사는 대체 왜 저러는 것일까? 초반에 기선 제압이라도 하려는 것일까?

아무래도 나에 대한 막연한 의심 때문에 그러는가 싶어서 주중에 시간을 내서 그 감사를 만났다. 식사를 '대접'하며 이런저런 이야기를 나누었다. 지난 회의의 쟁점 사항은 일부러 꺼내지 않고 개인적으로 살아가는 이야기를 주로 나누었다. 그가 살아온 이야기를 주로 들었는데, 나보다 열두 살이나 많은 그가 어머니를 모시는 이야기는 감동이었다. 이야기를 경청하며 존경의 눈빛을 보냈다.

그리고 헤어진 후 "어머님에 대한 감사님의 효행을 들으면서 저 자신을 많이 돌아봤습니다. 많이 배우고 싶습니다. 앞으로도 많이 가르쳐주세요"란 문자도 보냈고, 그 역시 따뜻하게 답 문자를 보내왔다. 순진한 나는 이렇게 관계를 맺었으니 이젠 나를 공격하지 않으리라고 생각했다.

선거관리위원 두 명을 해촉한 이유

2015년 12월 중순에 관리소장에게 전화가 걸려왔다. 선거관리위원장과 선관위원 1명의 해촉 안건이 들어와 임시회의를 열어야겠다는 것이었다. 지난 회의 때 고성을 질러댔던 동대표가 입주민 10퍼센트

(약 170세대)의 서명을 받아 해촉요청서를 선거관리위원회에 제출했는데, 선거관리위원회가 기한 내에 처리하지 않아 결국 입주자대표회의로 넘어온 것이다. 해임 사유는 지난 동대표 선거에서 몇 가지 잘못을 했다는 것인데, 살펴보니 사소한 것이었다.

이상했다. 선관위원 두 명의 잘못이 자신들의 당락에 영향을 준 것도 아닌데, 직접 입주민 170명에게 서명을 받는 수고를 했다고? 쉽게 납득되지 않았다. 또 170명의 서명을 받으러 다녔다면 소문이 났을 텐데, 당시까지 나는 그런 얘기를 전혀 듣지 못했다. 게다가 몇몇에게 확인해 보니 당사자들도 모르는 일이라고 했다. 설마 관리사무소에서 입주자 명부를 보고 서명서를 위조한 건 아닐까? 의심이 꼬리에 꼬리를 물고 이어졌다.

선거관리위원회는 동대표 선출 투표뿐 아니라 해임투표도 진행한다. 당시 선관위는 일곱 명으로 구성되었는데, 네 명은 회장인 나에게 우호적인 사람들이었고 세 명은 그들 편, 즉 회장인 내게 적대적인 동대표들과 가까운 사람들이었다. 특히 그들은 선량하고 합리적인 선거관리위원장을 극도로 싫어하는 것 같았다.

결국 선관위원 해촉을 위한 임시회의가 열렸고, 표결을 하니 다수를 점한 그들의 뜻대로 두 명의 선관위원은 해촉되었다. 해촉 대상이었던 두 명의 선관위원에 대한 그들의 적개심은 상상을 초월했다. 마치 인민재판하듯 했다. 두 번째 회의에서 내게 행한 무례함과 고성은 약과였다. 그렇게 무리를 해서 선관위원 두 명을 해촉시킨 이유가 비로소 세 번째 회의에서 드러났다. 남기업 회장 해임의 서막이 오른 것이다. 저들의 준비는 놀라울 정도로 치밀했다.

서명서 위조까지 동원된
해임작전

아파트 입주자대표회의 회장인 나에게 우호적인 선거관리위원 두 명을 수로 밀어붙여 해촉시킨 이들은 2015년 12월 21일 정기회의에서 '회장 해임'이란 단어를 처음 꺼냈다. 두 번째 회의 때 나를 검찰 취조하듯 몰아붙인 감사였다. 해임 사유가 차고 넘치니 해임을 위한 임시회의를 열어달라는 것이 요지였다.

그가 제시한 해임 사유는 네 가지였다. 첫째, 관리소장에게 그날그날 아파트에 무슨 일이 있었는지 제목만 적어 이메일로 보내달라고 했는데, 그것이 소장에 대한 업무방해라는 것이다. 상근직이 아닌 별도의 직장이 있는 회장이 아파트의 현황을 파악하기 위해 요청한 일이었는데 말이다.

둘째, 회의록을 공개했다는 것이다. 관리규약에 회의록 공개가 의

무이며, 회의록에 관해 규약은 "공개해야 한다"로 되어 있다고 아무리 설명해도 '의무'라는 말이 없다고 우겼다. 셋째, 아파트의 각종 공사현장에 회장이 와보지 않았다고 이것이 업무 해태라는 것이다. 마지막으로, 회장 선거 출마 당시 서류를 이메일로 제출했는데, 그것이 불법이라는 것이다.

감사의 이런 발언을 듣고 있던 세 명의 동대표들(나에게 우호적이었던 이 동대표들은 몇 달 후 모두 아파트를 떠났다)이 도저히 안 되겠다 싶었는지 강하게 항의했다. 규약에서 정한 해임 사유에 해당되지도 않는데 감사가 무슨 권리로 해임을 위한 임시회의를 요청하느냐며 하나하나 따졌다. 그러자 나머지 열한 명의 동대표들이 벌떼처럼 들고일어나 세 명의 동대표들을 몰아붙였다. 관리소장은 회의록 공개는 의무가 아니라고 태연하게 거짓말을 했다.

심장이 벌렁거려 말이 나오지 않았다. 용기를 내어 "회장 해임이 임시회의 안건이 되는지 검토해보겠다. 나를 이런 걸로 해임시킬 수 있을 줄 아느냐, 더 센 걸 가져오라"고 맞대응한 후 회의를 마무리하고 집으로 돌아왔지만 놀란 가슴은 진정되지 않았다.

돌아보면 나는 참 순진했다. 해임을 위한 임시회의를 열지 않으면 해임 추진이 불가능할 것이라고 생각했으니 말이다. 그런데 그게 아니었다. 그들은 내가 해임을 위한 임시회의를 열지 않을 것을 예상하고 이미 다음 단계를 밟고 있었다.

회장 해임 경로는 두 가지가 있다. 하나는 '입주자대표회의가 해임 의결 → 선거관리위원회에 의결사항 통보 → 선거관리위원회의 해임투표 진행'이고, 또 하나는 '입주민 10퍼센트 이상의 해임동의서 확보 →

선거관리위원회 제출 → 선거관리위원회의 해임투표 진행'이다. 첫 번째 방법이 막히자 그들은 두 번째 방법을 진행했다.

경비원이 받으러 다닌 해임동의서

2015년 12월 30일에 아는 입주민에게 연락이 왔다. 지금 경비원이 '회장 남기업 해임동의서'를 받으러 다닌다는 것이었다. 심장이 마구 뛰기 시작했다. 그 경비원을 찾아갔더니 책상 위에 버젓이 '회장 남기업 해임동의서'라는 서류가 있고, 벌써 서명한 문서도 여러 장 눈에 띄었다. 경비원과 함께 관리사무소로 가서 경비원 관리를 책임지는 관리소장이 시킨 일이냐고 따져물었다. 관리소장은 자신이 시킨 일이 아니라고 잡아뗐다.

마음을 간신히 가라앉히고 나는 핸드폰으로 녹음을 하며(이때부터 무슨 일이 있으면 녹음을 하는 습관이 생겼다) 누가 시킨 일이냐고 경비원에게 물었다. 고개를 푹 숙인 그는 작은 목소리로 '거물'이 시켰다고 답했다. 거물, 우리 아파트에서만 회장을 네 번 했다는 그 사람, 나와 회장 선거에서 경쟁했던 동대표, 직업이 동대표라고 알려진 그 사람이 시켰다는 것이다.

예상했듯이 그가 '남기업 해임 작전'의 총 지휘자였다. 그 경비원에게 책임을 물을 수가 없어 경위서를 받아 두는 선에서 그쳤지만, 경비원에게 경위서까지 받아두었으니 해임동의서 확보 작업은 더 이상 진행되지 않을 것이라고 여겼다. 그러나 거기서 멈출 사람들이 아니었다.

2016년 1월 4일 월요일 새해 첫 출근 하는 날 아침 관리소장에게서 전화가 왔다. 196장의 해임동의서가 선거관리위원회에 접수되었다고. 그들과 한통속이었던 관리소장, 아니 해임절차를 위한 행정지원을 아낌없이 제공한 것으로 보이는 그가 침통한 말투로 내게 전화를 해온 것이다. 전철에서 내려 연구소로 걸어가던 중 전화를 받은 나는 말을 잇지 못했다. 정말 올 것이 오고야 말았구나!

해임동의서가 선거관리위원회에 접수되면 선관위는 무조건 해임절차를 진행해야 한다. 그런데 선관위가 그렇게 움직이려면 해임 찬성파 선관위원이 적어도 네 명 이상 되어야 한다. 일곱 명으로 구성된 선관위는 과반(4명)의 찬성이 있어야 해임절차를 진행할 수 있기 때문이다. 그런데 해임 찬성파 선관위원은 당시까지 세 명이었다. 내게 우호적인 해임 반대파 선관위원 두 명을 해촉했지만 해임을 추진하기 위해서는 아직 한 명이 부족한 것이다.

그들은 선관위원 두 명을 위촉하는 절차를 신속하게 진행했다. 지원자는 모두 열 명이었다. 그중 해임 반대파, 즉 나에게 우호적인 지원자는 네 명이었고, 해임 찬성파는 여섯 명이었다. 결국 추첨을 하게 되었는데, 추첨 결과가 불리해질 것을 우려한 관리소장이 추첨 절차를 의도적으로 불공정하게 진행해 결국 해임 찬성파 1명, 반대파 1명이 위촉되었다. 그들이 과반을 확보한 것이다.

가속도가 붙은 해임절차

나를 지키려는 목적으로 선관위원에 지원한 동서가 추첨과정이 불공정하다고 격렬하게 항의했지만, 관리소장은 눈 하나 깜박하지 않고 추첨을 끝내버리고 결과를 공고했다. 이로써 관리소장은 회장 남기업 해임의 기획자 겸 추진자였다는 것이 드러났고, 결국 선거관리위원회도 저들이 접수해버렸다. 이제 해임절차에 가속도가 붙게 되었다.

잠을 제대로 잘 수가 없었다. 퇴근 후 밤마다, 주말마다 평소에 아는 입주민들을 만나 나의 억울함을 호소했다. 그들은 어쩌냐며 함께 걱정해주었지만 어떻게 해볼 도리가 없었다. 동대표도 선관위원도 아니었기 때문이다. 그런데 그들은 내가 어떤 입주민을 만나고 다니는 것까지 다 알고 있었다.

여러 정황상 경비원과 미화원 들이 내가 누구를 만나고 다니는지까지 관리사무소와 그들에게 일일이 보고한 것이 분명했다. 관리사무소 직원, 경비원, 미화원, 그러니까 아파트의 모든 조직이 '남기업 해임 작전'에 동원된 것이다.

고립무원이 된 내가 할 수 있는 유일한 일은 나의 억울함과 저들의 불법적 해임 추진을 해임소명서를 통해 입주민에게 알리는 것이었다. 그러나 선관위에 제출된 해임소명서가 게시판에 공고되어도 경험상 그것을 읽어볼 입주민이 거의 없을 것이기 때문에, 나는 직접 50만 원이라는 거금을 써서 우편으로 모든 세대(1680세대)에 해임소명서를 발송했다.

그런데 이것도 저들이 방해를 놓았다. 집배원이 각 세대 우편함에 넣은 우편물의 상당수를 경비원들이 수거하는 사태가 벌어진 것이다. 내가 아는 몇몇 사람들이 우편물을 못 받았다고 하기에 알아보니 경비원들이 수거해간 것이었다. 아파트는 무법천지가 되어버렸다.

1680세대 중 196세대가 해임동의서에 서명을 해주었다는 것도 의심이 갔다. 그래서 나는 서명을 해주었다는 세대를 직접 방문해 확인했다. 확인해 보니 196장의 해임동의서 중 무려 30장 이상이 서명해 준 적이 없다고 하는 동의서였다.

서명서가 위조되었다는 확인서 30여 장을 확보한 나는 법원에 해임투표중지가처분을 신청했다. 난생처음 법원으로 간 것이다. 이때부터 나는 법원과 검찰청, 경찰서를 들락거리게 되었다. 그러나 해임투표중지가처분은 법원에서 기각되었다. 절망스러웠다. 결국 회장 남기업을 대상으로 한 해임투표는 되돌릴 수 없는 현실이 되었다.

투표 결과는
부결이었지만

법원의 해임투표중지 가처분신청에 대한 기각 판결은 내게 엄청난 충격이었다. 당연히 해임투표를 중지하라는 인용 결정이 날 줄 알았다. 절차상 문제도 있었고 누가 봐도 해임 사유가 말이 되지 않았다. 나중에 안 일이지만, '가처분'은 절차에 엄청난 하자가 있을 때만 인용된다고 한다. 일반적으로 재판부는 절차상 하자가 있어도, 설사 해임 사유가 되지 않는다고 해도, 투표를 통해 입주민들의 판단을 받으면 된다고 생각한다는 것이다. 즉 해임 추진자가 제출한 해임 사유서와 해임 대상자가 작성한 소명서를 동시에 공고하면 합리적인 입주민들이 읽어보고 알아서 판단한다고 보는 것이다. 현실과 괴리된 판결이라고 볼 수밖에 없었다.

기각 판결문을 받아든 저들은 환호했다. "법원도 인정한 해임투표"

라는 공고문을 모두가 볼 수 있는 게시판에 크게 붙였다. 힘이 쭉 빠지고 하늘이 노래졌다. 내가 할 수 있는 일은 유권자인 입주민들에게 나의 억울함과 저들의 불법성을 알리는 것밖에 없었는데, 저들의 방해로 우편 발송도 제대로 이루어지지 않은 터라 고민이 깊어졌다.

고민 끝에 나는 출근 시간에 아파트 정문에서 적절하고 짧은 문구를 담은 피켓을 들기로 결심했다. 2016년 1월 27일부터 해임투표가 진행되기 전날까지 5일간 나는 아침 7시부터 8시까지 한 시간 동안 피케팅을 하고 출근을 했다. 우리 아파트에서, 아니 우리나라 아파트 역사에서 처음 있는 일이었을 것이다. 피켓을 든 나를 본 많은 입주민들이 힘내라고, 포기하지 말라고 격려해주었고, 어떤 입주민은 다가와서 진지하게 내막을 묻기도 했다. 1월 말이라 정말 추웠지만 내 억울함과 저들의 불법성을 알리기에는 더 없이 효과적이었다.

물론 호응하는 입주민만 있는 것은 아니었다. 어느 날 아침 80이 다 된 노인이 다가오더니 이렇게 쏘아붙였다. "당신, 세월호 시위나 하러 다니는 빨갱이라며. 들어보니 회의 참석도 안 하고 공사현장에도 안 와 보고, 잘릴 만하더만. 아파트값 떨어지는 그 피켓 당장 집어치워!" 정말 당황스러웠다.

좌파 빨갱이라는 딱지

당시 나는 세월호 참사와 관련된 문구가 담긴 피켓을 출퇴근할 때는 물론 외출할 때마다 앞뒤로 목에 걸고 다녔다. 그것은 세월호에서 억울하게 희생당한 학생들과 유가족의 고통에 응답하기 위해 내가 할 수 있는 행동이었다. 2014년 8월 10일부터 시작한 '몸자보'를 아파트 회장이 되고서도 계속 메고 다녔는데, 언제부터인가 내가 피켓을 걸고 있는 모습이 담긴 사진이 아파트에서 돌고 있는 것 아닌가! 저들의 짓이 틀림없었다. 그들은 그 사진을 주로 노년층에게 뿌렸다. 나를 '세월호 데모'나 하러 다니는 '좌파 빨갱이'로 낙인찍기 위함이었다. 내게 호통을 친 노인도 그 사진을 보고 와서 험한 말을 쏟아부은 것 같았다. 저들은 내게 좌파 빨갱이라는 딱지를 붙여 해임투표를 유리하게 끌고 가려고 했던 것이다. 이렇게 아파트 입주자대표회의는 한국 정치의 축소판이었다.

그들이 만든 또 다른 프레임은 '남기업은 부정의하다'인데, 이것은 상대적으로 젊은층을 겨냥한 것이었다. 저들은 '남기업은 정의로운 사람이 아니라 예전에 있었던 페인트 공사 부정을 덮으러 나온 나쁜 사람'이라고 떠들고 다녔다. 저들은 몇 년 전 멀쩡하게 동대표 활동을 하고 있던 사람들을 페인트 공사 입찰 부정이 있다고 몰아붙여 해임하고 입주자대표회의를 장악했는데, 당시 억울하게 해임당한 동대표들은 공교롭게도 나를 지지하고 있었고, 그중에는 내 동서도 포함되어 있었다. 그래서 저들은 공고문을 붙일 때마다 항상 "페인트 입찰 비리의 주범 ○○○의 동서 남기업"이란 문구를 포함했다. 이렇게 내 이미지를 나쁘게 만들어갔다. 영리하고 교활했다.

해임투표 추진 이유

당시 나는 저들이 '남기업 해임'을 향해 질주하는 이유를 도무지 알 수 없었다. 일반적으로 입주자대표회의에서 회장의 힘이 막강하긴 하지만 나는 혼자고 저들은 다수였다. 게다가 아파트 업무에 대해 잘 모르는 나를 얼마든 요리할 수 있었다.

또 회의에서 표결에 들어가면 다수인 저들이 원하는 결과를 쉽게 얻을 수 있었다. 물론 안건 상정 권한이 회장에게 있어 그들이 원하는 안건이 상정되지 않을 수도 있지만, 그들 편인 관리소장이 내게 이런 저런 필요가 있다며 안건을 제안한다거나, 아니면 자신들이 요건을 갖춰 안건 상정을 요구하면 나는 그것을 받을 수밖에 없는 구조였다. 한마디로 저들은 합법적으로도 얼마든 자기들이 원하는 것을 의결해 추진할 수 있었기에, 나는 저들이 해임 추진을 밀어붙이는 이유를 도무지 알 수 없었다.

그런데 1월 말에 그 이유를 알게 되었다. 저들이 동대표로 활동했을 당시 사용한 동대표 운영비 내역을 조사한 국토교통부 공문이 관리사무소로 날아온 것이다. 살펴보니 2천만 원 정도가 불법으로 지출되었다. 그들은 동대표 운영비도 모자라 관리비에서 끌어다가 동대표 선물비, 경조사비, 심지어 단합대회비 등에 사용했다.

그런데 모든 걸 공개하겠다고 한 내가 회장이 되었으니, 자신들의 만행이 드러나기 전에 해임해버리는 것이 좋겠다고 판단한 것이다. 또 회장을 해임하면 자기들이 원하는 공사, 다시 말해서 아파트에서 꼭 하지 않아도 되는 공사를 마음대로 추진할 수 있다고 생각했던 것 같다.

불법방송까지 강행했지만

나의 피케팅이 저들은 굉장히 신경 쓰였던 모양이다. 아마도 내가 이렇게까지 나올 줄은 몰랐을 것이다. '좌파 빨갱이'라고 하면 바로 반응하는 사람들을 대거 동원해 나를 손쉽게 날려버릴 수 있다고 낙관했는데, 나의 정문 피케팅으로 아파트 분위기가 달라지고 있었기 때문이다.

당황한 저들은 "정문에서 불법으로 피켓을 들고 시위를 하는 해임 대상자 남기업 회장의 행위는 아파트의 이미지를 실추시키는 것으로 불법 행위입니다"라고 여러 차례 방송했고, 이 방송을 들은 우리 가족의 근심은 이만저만이 아니었다.

방송을 한 사람은 다름 아닌 감사였다. 우리 아파트 관리규정을 보면, 방송 권한은 아파트 관리사무소 직원에게만 있기에 엄연한 불법방송이었다. 아파트의 불법과 잘못된 관행을 바로잡아야 할 감사가 불법 행위를 한 것이다. 나를 해임하기 위해 저들은 못할 일이 없어 보였다.

해임투표는 2월 2일부터 2월 12일까지 무려 열하루 동안 진행되었다. 마음이 너무 괴로웠다. 매일 투표 종료 시간이 오후 6시였는데, 상대적으로 젊은 직장인들의 투표 참여율을 떨어뜨리려는 의도였다.

한편 저들은 투표 참관인 신청도 거부했다. 해임투표 진행에 분노한 동서가 저들이 투개표 부정을 저지를지도 모른다고 걱정하더니 선거관리위원회에 투개표 참관인 신청을 했는데 거부해버린 것이다. 항의해도 소용이 없었다. 참관인 신청을 하면 받아줘야 한다는 규약이 있는데 왜 안 되느냐고 따지는 동서를 저들은 오히려 겁박했다. 어이 없는 일의 연속이었다.

결국 이렇게 진행된 투표가 끝나고 개표가 되었다. 개표 부정을 저지를 가능성을 대비해 그날 나는 일찍 퇴근해 개표 과정을 참관했다. 결과는 해임 반대 238표, 해임 찬성 176표로 부결이었다. 결과를 듣는 순간 '이제 끝났구나!'라는 안도감과 함께 통한의 눈물이 와락 쏟아졌다.

그러나 끝난 게 아니었다

회장 해임투표 공고일부터 개표일까지 정지된 회장 직무는 복귀되었다. 복귀 후 내가 제일 먼저 추진하려고 한 일은 관리소장 교체였다. 그는 저들의 적극적 지원자 혹은 해임투표 기획자가 분명했기 때문이다. 당시 관리소장의 언행은 다수인 저들에게 어쩔 수 없이 협력하는 수준을 훨씬 넘어섰다.

그는 해임투표중지 가처분 재판까지 출석해 해임투표의 정당성과 남기업이 해임당할 이유가 충분하다고 역설한 사람이었다. 동대표들의 갈등에, 법원 재판까지 와서 나를 공격하는 발언을 한다는 것은 그들과 한식구가 아니면 할 수 없는 일이었다.

그러나 역시 나는 순진했다. 내 해임이 부결되자마자 다수인 저들을 공격할 칼을 빼 들었으니 말이다. 관리소장 해임은 추진할 수도 없었고, 해임투표도 여기서 끝난 게 아니었다. 이보다 훨씬 고통스러운 일들이 나를 기다리고 있었다.

끝나지 않는
해임작전

2016년 2월 12일 금요일에 해임 반대 238표, 찬성 176표로 회장 해임이 부결되었으면, 2월 15일 월요일에는 당연히 투표결과를 공고해야 한다. 그런데 그날 아파트 홈페이지엔 해임투표 결과 공고문이 올라오지 않았다. 뭔가 불길했다. 그러더니 저녁 무렵 "남기업이 해임투표 과정에서 부정을 저질렀다는 이의신청서가 접수되었기 때문에 공고하지 못한다"는 내용의 공고문이 올라왔다.

선거관리위원회의 만행이 시작된 것이다. 해임투표가 부결될 걸 대비해 세워둔 '플랜 B'를 가동시킨 게 분명했다. 저들은 주도면밀했다. 저들이 장악한 선거관리위원회는 다수의 동대표들과 매일 대낮에 관리사무소에 모여 대책회의를 했다. 관리사무소에 마련한 사무실에서 음식을 시켜 먹고 관리사무소 직원에게 커피 대접을 받으면서 말이다.

관리소장은 저들을 열과 성을 다해 지원했다. 아니, 기획·주도했다는 말이 더 정확할 것이다. 그들이 내놓는 문서는 모두 관리소장이 작성한 것으로 보였다.

그러더니 일주일 후 선관위는 이의신청을 심의한 결과 투표 기간에 해임 대상자 남기업이 부정을 저지른 것이 확실하여 해임투표 결과를 무효로 하고 3월 2일부터 9일까지 2차 해임투표를 하겠다고 결정했다. 선관위원 소수가 1680세대 입주민의 총의를 두 번이나 깡그리 무시해버린 것이다.

맥박수가 급등하기 시작했다. 대체 왜 저러는 걸까? 해임을 시도했다 실패했으면 정기회의를 통해 자기들이 원하는 걸 결정해 추진하면 될 일 아닌가? 다수를 차지했으니 원하는 공사를 추진할 수 있고, 자기들이 원하는 업체에 공사를 주는 일도 얼마든 가능했다. 그들이 불법으로 집행한 2천만 원을 회수하는 일도 회장인 내가 하고 싶다고 할 수 있는 일이 아니었다. 저들이 저러는 이유를 나는 도무지 알 수 없었다.

회장의 사회권을 박탈하다

저들의 대담함은 여기서 그치지 않았다. 2016년 2월 19일, 정기회의를 주재하러 회의 장소에 갔더니 회장 자리를 치워버렸다. 이게 뭐하는 짓이냐고 따지니 고개를 바짝 치켜든 관리소장은 선거관리위원회가 해임투표 결과를 공고하지 않았기 때문에 남기업 회장은 아직 직무정지 상태이고 따라서 사회권이 없다며 눈을 부라렸다.

너무 어이가 없어 말도 안 된다며 거칠게 항의하니, 해임투표 결과의 공고 여부는 선거관리위원회의 일이니 거기 가서 따지라며 나를 밀쳐냈다. 선거관리위원회와 저들이 한 몸으로 움직이고 있다는 건 아파트 입주민이 다 아는 사실인데, 나를 가지고 노는 형국이었다. 결국 난 회의 장소에서 쫓겨났다.

저들은 왜 회장의 사회권까지 박탈한 것일까? 그것은 그날 회의에 저들에게 매우 중요한 '아파트 보도블록과 경계석 교체'와 관련된 안건이 있었기 때문이다. 역시 '공사'였다. 2016년 당시 지은 지 25년이나 된 우리 아파트의 보도블록과 경계석이 낡은 것은 사실이었지만, 내가 보기엔 아직 쓸만했다. 그런데 저들은 수원시의 재정 보조를 받아 보도블록과 경계석 교체 공사를 하고 싶어 했고, 내가 회의를 주재하면 이런저런 이유를 대며 의결을 어렵게 할 수 있다고 생각한 것이다.

나의 사회권까지 박탈해 의결한 결과는 결국 저들에게 부메랑이 되어 돌아갔다. 수원시에서는 몇 달 후 이 회의가 회장의 사회권을 박탈하고 진행한 불법 회의고, 불법 회의를 통해 결정된 사항은 무효라고 확인해주었다. 또한 관리소장은 이 과정에서 회장인 내게 허락이나 동의도 구하지 않고 회장 직인을 찍는 불법을 저질렀는데, 이 일로 그는 전과자가 되어 결국 우리 아파트에서 쫓겨나게 되었다(문제 많은 관리소장 내보내기와 관련된 내용은 102–115쪽에 나온다).

또다시 법원으로

3월 2일에서 9일까지 2차 해임투표가 진행된다는 공고문을 본 나의 괴로움은 이루 말로 표현할 수 없었다. 아빠를, 남편을 자르는 투표를 진행한다는 공고문을 벌써 여러 달째 보고 있는 가족들의 불안도 상당했다. 그리고 이번에는 투개표 부정과 같은 방법을 동원해서라도 나를 해임할 것이 뻔했기에 투표 자체를 막아야 했다.

나는 다시 해임투표중지 가처분신청을 법원에 제출했다. 그런데 2월 26일 법원에 제출한 가처분 재판에 문제가 생겼다. 채무자(피고), 즉 피신청인을 회장 해임을 주도한 완장 찬 감사로 지정했는데, 법원에서 감사는 피신청인 자격이 없다는 것이었다. 물론 피신청인을 변경하면 되지만, 문제는 시간이 촉박하다는 것이었다.

2차 해임투표가 3월 9일에 끝나는데 피신청인 교체로 시간이 지체되면 3월 9일 이후에 가처분 결과가 나올 수도 있었다. 저들의 투개표 조작으로 해임이 가결된 이후 재판 결과가 나오게 되면, 그것을 법적으로 바로잡기 위해 또 저들과 대립하고 갈등하는 과정을 거쳐야 하는데, 그것을 감당할 자신이 도저히 없었다.

애가 탔다. 당시 내 사건을 맡았던 법무법인 〈에셀〉의 오재욱 변호사와 이 일로 새벽 1시까지 통화를 하며 대책을 논의했다. 어떻게 하면 피신청인 교체를 신속하게 처리해 3월 9일 전에 재판 결과가 나오게 하느냐가 고민의 핵심이었다.

내 사건을 공익적 성격이 강하다고 여기고 놀라울 정도로 집중력과 성실함을 보인 오 변호사는 검토의 검토를 거듭한 끝에 우리 아파트의 거물, 즉 회장을 네 번이나 하고 회장 선거에서 나와 경쟁했던 사람, 직업이 동대표로 보이는 '몸통'을 피신청인으로 지정해달라고 신청해 결국 법원으로부터 3월 3일 결정을 받아냈다. 재판은 3월 5일에 열렸고, 재판 결과는 투표 마지막 날인 3월 9일에 내려졌다. 그야말로 숨가쁜 순간들이었다.

물론 법원의 판결은 2차 해임투표를 중지하라는 것이었다. 1차 해임투표 결과를 공지하지 않고 이의신청을 받아들여 해임투표 결과를 무효로 하고 다시 진행하는 것은 명백한 절차상 하자라는 거였다.

남기업은 애초에 회장이 아니었다

2차 해임투표가 무산되었으니 이제 저들도 해임투표를 포기할 것이라고 생각했다. 그러나 저들은 다시 세 번째 계획, '플랜 C'를 가동했다. 플랜 C의 핵심은, 검토해 보니 남기업은 원래 회장이 아니었다는 논리였다. 2015년 9월에 남기업이 회장에 입후보할 때 서류를 관리사무소가 아니라 당시 선거관리위원장에게 이메일로 제출했는데, 이것이 명백한 절차상 하자라는 것이다. '전자우편을 통한 서류제출→ 후보등록 무효→ 당선 무효'이므로 해임투표를 할 필요도 없이 회장을 새로 뽑으면 된다는 것이었다. 참으로 기막힌 발상이었다.

이런 결정이 담긴 선거관리위원회의 공고문에는 '남기업은 현재 동대표이니 회장 선거에 출마할 수 있는 자격을 부여한다'는 내용도 포함되어 있었다.

입주민들의 불만 폭발

말도 안 되는 이런 상황을 지켜보던 입주민들의 불만이 드디어 폭발했다. 홈페이지 게시판은 선거관리위원회를 성토하는 내용으로 도배되었고, 한 입주민은 "대체 얼마를 해먹었길래 멀쩡한 회장을 자르려고 그러는 것이냐, 관리사무소를 폭파시켜버리고 싶다"라는 댓글까지 달았다. 또 어떤 입주민은 내게 힘내라고, 꼭 이겨달라는 문자도 보내왔다.

홈페이지에서의 성토와 응원 문자가 내게 위로가 되었지만, 괴로움이 너무 컸다. 이번에는 수원시로 달려갔다. 회장 재선거를 중지해달라는 민원을 넣었는데, 수원시 우리 아파트 담당자인 이상백 주무관은 신속하게 대응해주었다. 해임투표 과정이 언론에 보도된 이후 우리 아파트가 수원시의 '관심 아파트'가 된 듯했다. 수원시는 "회장 재선거 당장 중지하라. 남기업은 적법하게 선출된 회장이다. 만약 회장 재선거를 실시하면 과태료를 부과하겠다"는 내용의 공문을 즉각 발송했다.

공문의 내용은 단호했고, 과태료 때문인지 저들은 바로 꼬리를 내렸다. 그러나 저들의 작전은 거기서 끝나지 않았다. 수원시의 재선거 중지 명령은 따르겠지만 이제 제대로 절차를 거쳐 3차 해임투표를 하겠다고 했다.

법원과 수원시가 동시에 내린
해임투표중지명령

2차 해임투표가 법원의 판결과 수원시의 행정명령으로 무산된 다음날인 2016년 3월 10일, 관리소장은 우리 집으로 공문을 보내왔다. 회장 직인을 반납하지 않으면 업무방해죄로 고소하겠다는 내용이었다. 관리소장이 회장을 협박하는 공문이라니, 피고용인이 고용인의 대표를 위협하는 것이나 다름없는 일이었다.

관리소장은 왜 직인을 내놓으라고 협박하는 걸까? 표면상으로는 나의 회장 직무가 정지되었기 때문일 것이다. 그렇다면 남기업의 회장 직무는 왜 정지된 걸까? 선거관리위원회에서 해임투표 결과가 부결임을 공고해야 정지된 회장 직무가 살아나는데, 선관위가 투표결과를 한달 이상 공고하지 않은 데다 다시 3차 해임투표를 진행하겠다는 결정을 했기 때문이다. 해임투표를 공고하면 해임 대상자의 직무는 그날로

정지된다.

그렇다면 선관위의 결정은 누가 내린 걸까? 저들이 내린 결정이다. '다수의 동대표들+네 명의 선거관리위원+관리소장'은 한 몸처럼 움직이며 매일같이 그것도 대낮에 관리사무소에 모여 작전을 짜고 있었다.

결국 돈 때문에?

회장 직인을 내가 갖고 있다고 아파트의 회계 처리에 장애가 생기는 것도 아니었다. 그러면 회장 직인에 집착하는 진짜 이유가 뭘까? 회장에서 해임되면 직인은 반납할 수밖에 없는데, 왜 그사이를 못 참고 고소하겠다고 협박까지 하는 걸까?

결국 돈 때문이라고 생각했다. 아파트의 관리비는 회장이 도장을 찍지 않으면 1원도 밖으로 나갈 수 없는 구조다. 공사대금도, 물품 구입비도, 직원 급여도 모두 회장의 도장이 찍혀야 지급이 가능하다. 동대표회의에서 결정된 정상 지출은 내가 결재를 해주고 있는데도 직인을 내놓으라고 협박하는 까닭은 '불법 지출'을 하겠다는 것으로밖에 설명되지 않았다. 나는 회장 직인을 반납하지 않았다. 아니 반납할 수 없었다.

3차 해임투표 강행

입주민들의 분노가 폭발해도 저들은 3차 해임투표를 강행했다. 선거관리위원회의 결정은 다음과 같았다. "2차 해임투표를 법원이 중지하라고 한 까닭은 해임투표 결과를 공지하지 않고 진행했기 때문이다. 그러므로 해임투표 결과를 공지한 후 해임투표에 대한 이의제기서, 즉 남기업이 해임투표 기간에 부정을 저질렀다는 서류를 정식으로 접수받고 이의제기서에 적시된 내용이 사실이라는 것을 확인했으니 3차 해임투표를 진행할 수 있다. 법원이 지적한 절차적 하자는 다 해소된 것이다." 3차 해임투표 기간은 3월 24일에서 31일이라고 공고했다. 그 집요함이 단연 금메달감이었다.

내가 의지할 곳은 법원과 수원시밖에 없었다. 또다시 법무법인 〈에셀〉의 오재욱 변호사와 함께 3차 해임투표 중지를 구하는 가처분신청을 법원에 제출했다. 가처분신청만 벌써 세 번째다. 그런데 이번 가처분신청서에는 다시는 저들이 해임투표를 시도하지 못하게 막아달라는 내용도 포함했다.

재판은 신속하게 열렸다. 그런데 이번에는 재판을 진행하는 가처분 담당 판사가 짜증을 내는 게 아닌가? 가처분사건은 3명의 판사로 구성된 합의부가 재판하는 것으로 한 명의 주심판사가 담당하는 것 같았다. 판사의 말을 종합해 보면 짜증 내는 이유는 이랬다. '지난 3월 9일에 해임투표중지판결을 내렸는데, 왜 같은 이유로 해임투표를 또 진행하느냐. 하지 말라고 판결했으면 하지 말아야지, 지금 장난하나? 지난 재판 때 해임투표 종료 전에 판결문을 쓰느라 스트레스가 얼마나

심했는지 아는가?

판사의 태도와 발언에서 재판 결과는 충분히 예상되었다. 재판 결과는 "3차 해임투표를 중지하라. 만약 3인방(몸통+관리소장+선거관리위원장)이 다시 해임을 시도하면, 행위마다 20만 원의 간접강제금을 부과한다"였다. 이 판결로 3차 해임투표는 종료일을 하루 앞둔 3월 30일에 중단되었다.

법원의 판결에 이은 수원시의 행정지시

저들이 해임 추진을 손쉽게 추진할 수 있었던 것은 선거관리위원회 일곱 명 중 네 명이 한 몸이었기 때문이다. 선거관리위원회는 과반수로 의결하는 구조로 되어 있기 때문에 저들이 원하는 모든 것을 의결해 진행할 수 있었다.

그런데 3월 중순에 네 명 중 80세 정도 되는 선관위원 한 명이 2월 말에 경기로 양주로 이사를 갔다는 소식을 접했다. 이사를 가면 아파트 주민이 아니기 때문에 선거관리위원 자격은 자동 상실된다. 그런데 과반수 요건을 갖추기 위해 이미 선거관리위원이 아닌 그 노인을 양주까지 가서 승용차로 모셔오면서까지 의결을 강행한 것 아닌가? 물론 오가는 기름값과 통행료는 아파트 관리비에서 지출되었다. 명백한 불법이었다.

선관위원이었던 그 노인은 우리 아파트의 가장 작은 평수에서 혼자 세 사는 사람이었다. 우리 아파트에서 여러 해 전 부녀회가 해산되었는데, 원인 제공자가 그 노인이라고 했다. 부녀회 총무였던 그 노인이 재정 비리를 저지른 것이 밝혀져 부녀회가 해산되었다는 것이다. 저들은 그런 노인에게 밥을 사주며 선관위원으로 앉힌 후 거수기로 이용한 것이다. 심지어 입주민이 아닌 상태에서도 말이다.

관리사무소에서 잠깐 만난 그 노인은 나를 무척 안쓰러워했다. 해임투표 기간 중에도 회장 결재는 해야겠기에 무거운 마음으로 관리사무소에 갔던 어느 날 그 노인은 관리사무소에서 직원이 타준 믹스커피를 마시고 있었다. 결재하고 있던 나를 물끄러미 쳐다보더니 아들 같았는지 "이렇게 착하게 생겨가지고 어떻게 OOO을 당해낼 수 있겠어. 쯧쯧쯧, 얼굴이 반쪽이 됐네" 하며 측은해했다. 그래서 내가 "위원님, 제가 그렇게 안돼 보이시면 선관위원을 그만두시면 돼요"라고 했더니, 그 노인은 "알지, 근데 선관위원 하면 회의수당 5만 원도 받고 밥도 사주는데, 어떻게 그만둬…"라며 말끝을 흐렸다.

만약 그 노인이 2월 말에 이사 간 것이 사실이면, 그는 선관위원 자격을 상실한 것이고, 3월에 선관위에서 의결된 2차 해임투표와 회장 재선거, 그리고 3차 해임투표 결정은 다 무효일 수밖에 없기에 나는 수원시에 민원을 제기했다. 선거관리위원회 위원 자격이 상실된 사람이 선관위원회 회의에 참석해 의결권을 행사하고 있으니 이를 바로잡아달라고.

수원시는 즉각 현장을 방문해 그 노인이 거주하지 않는다는 사실을 확인하고 수원지법이 판결을 내린 3월 30일에 공문을 발송해주었다. 2월 28일에 이사를 간 그 노인은 선관위원 자격이 상실되었으므로 3차 해임투표 결정은 무효이고, 그러므로 지금 진행하고 있는 3차 해임투표를 중지하라는 내용의 공문이었다. 그러니까 3차 해임투표중지명령을 사법기관인 수원지법과 행정기관인 수원시가 동시에 내린 것이다.

그냥 사임하면 될 것을…

이로써 3개월 반 동안 진행된 '남기업 회장 해임투표'는 끝이 났다. 법원의 판결과 수원시의 적극적 행정이 결정적인 역할을 했지만, 저들도 선관위원 한 명의 자격이 상실되어 더 이상 해임투표를 진행할 수 없었다. 해임투표 3회, 회장 재선거 1회, 가처분신청 3회, 수도 없이 드나든 수원시 공동주택관리과, 정말 아파트 역사에 길이 남을 일이었다.

심신이 지칠 대로 지쳤다. 3개월 반 동안 제대로 잠을 잘 수 없었고 식사도 거르기 일쑤였다. 말 그대로 만신창이가 된 나는 결국 병원 신세를 졌다. 연구과제를 제대로 진척시키지 못해 연구소 동료들에게 미안함도 컸다.

그런데 해임이 되지 않았다고 해서 내 고생이 끝난 게 아니었다. 아직 임기는 1년 9개월이나 남았고, 내가 회장을 사임하지 않는 한 임기가 다하는 날까지 저들과 한 달에 한두 번은 얼굴을 맞대고 회의를 할 수밖에 없었다.

지칠 줄 모르는 저들은 다음 작전에 돌입했다. 그러나 이제 나도 가만히 있지만은 않을 것이다.

그런데 대체 나는 여기서 무얼 있는 걸까? 무슨 영화를 보겠다고 '입주민의 무관심'이라는 바다에서 홀로 저 이리 떼들에게 사정없이 물어뜯기면서 버티고 있는 걸까? 그냥 사임하면 되는 걸 말이다.

'회장 해임'에서
'동대표 해임'으로 작전 변경

세 번의 해임투표와 한 번의 회장 재선거, 세 번의 가처분 재판. 이 모든 것이 3개월 동안 몰아닥친 일이었다. 해임투표가 중지된 것도 공공기관인 법원의 판결 때문이었지 그렇지 않았으면 저들은 내가 해임될 때까지 해임투표를 강행할 태세였다.

나는 그간의 정신적 스트레스로 병원에 가야 할 정도였지만 대다수 입주민은 무관심하기만 했다. 가까이에서 나를 지켜본 입주민들이 안타까워하며 도움을 주기도 했지만, 그들은 말 그대로 '원외'였기 때문에 한계가 컸고 그마저 소수였다. 심지어 상당수 입주민들은 똑같은 사람들이라서 싸운다고 여기는 듯했다. 우리가 정치인 평가하듯 '다 그놈이 그놈'이라는 식이다.

그러나 입주자대표회의와 일반 정치는 중요한 차이가 있다. 동대표 활동에 감시의 눈이 전혀 없다는 것이다. 가장 작은 단위인 시의회만 해도 감시하는 언론과 단체가 있지만, 입주자대표회의에는 그런 것이 전혀 없다. '뭘 그런 데까지 신경을 쓰냐'는 분위기가 강하다.

끝까지 버텼던 이유

그런 상황에서 나는 왜 버텼던 걸까? 임기 내내 괴롭힘당할 게 뻔한데 말이다.

몇 가지 이유가 있었다. 하나는 사임으로 끝나지 않을 것이기 때문이다. 내가 사임을 하면 저들은 내가 불법을 저지르려다 발각되어 사임한 것이라고 공고할 것이 뻔했다. 그렇게 해야 자신들의 정당성이 확보되기 때문이다. 그간의 행위들로 미루어보면 충분히 예상되는 바였다. 그런 꼴을 당하지 않으려면 사임 후 아파트를 떠나는 수밖에 없다. 다른 아파트의 사례를 살펴보니 아파트에서 동대표 활동을 하다가 불의를 목격하고 개혁하러 나선 경우 100의 99는 진흙탕에서 싸우다 병을 얻고 결국 이사까지 했다. 그러나 나는 이사를 갈 수 없었다. 주변에 우리 아파트와 비슷한 규모의 다른 집을 매입할 수도, 심지어 전세도 구할 수도 없는 상황이었기 때문이다.

또 다른 이유는 내가 사임하면 저들이 무슨 짓을 할지 뻔했기 때문이다. 저들은 분명 불필요한 공사를 추진하고 자기들과 뒷거래하기 쉬운 공사업체를 선정할 것이다. 그렇게 되면 입주민들이 손해를 볼 것이 뻔한데, 어떻게 외면할 수 있겠는가.

그러나 무엇보다 이렇게 그만두면 평생 후회할 것 같았다. 사임해야 할 객관적 이유와 명분은 충분했지만, 여기서 아파트 회장을 그만두는 것은 현존하는 악을 피하는, 정확히 말해 악에게 패하는 것과 마찬가지였기 때문이다. 두고두고 후회할 것이 뻔했다.

내가 지향하는 정의로운 사회란 다른 사람에게 피해를 주고 억울한 사람을 양산하는 시스템을 개혁해야만 가능하다. 비록 작은 단위이지만 저들을 그냥 두면 입주민의 피해 규모는 갈수록 커지고 저들에게 대항했던 사람들의 억울함은 해결할 길이 없어질 것이다. 나는 도저히 사임할 수 없었다.

작전 변경

법원의 판결과 수원시의 행정지시로 '회장 해임'이 불가능해지자 저들은 '동대표 해임'으로 작전을 변경했다. 동대표직을 날리면 회장직은 자동으로 상실된다는 규약에서 힌트를 얻은 것이다. 회장은 동대표만 할 수 있다. 회장 해임투표는 아파트 입주민 전체를 대상으로 진행하지만 동대표 해임투표는 해당 동의 입주민만 참여하기 때문에 입주민의 반발도 그만큼 줄어든다.

이를 위해 저들은 '동대표 남기업 해임 안건'을 정기회의 안건으로 상정해달라는 요청서를 정식으로 제출했다. 이 요청서를 받고 나는 회의 안건으로 상정할 수 없는 이유를 서면으로 답변했다. 그러자 이들은 회의 때마다 문건으로 안건 상정을 요구했다. 나는 이 문제를 다시 오재욱 변호사와 상의했다. 오 변호사는 형식을 갖춰 요청하면 받아주는 것이 맞다면서 계속 거부하면 문제가 될 수 있으니 일단 안건으로 상정하고 대책을 세우자고 했다.

나에 대한 동대표 해임 안건을 상정하겠다고 하자 저들이 환호했다. 안건만 상정되면 압도적 다수를 차지한 자기들이 동대표 해임을 의결하는 것은 식은 죽 먹기였으니 당연한 일이었다. 그러나 나는 오재욱 변호사가 제안한 카드를 준비하고 있었다. 우선 의도적으로 '동대표 남기업 해임안'을 마지막 안건으로 삼았고, 안건 상정을 선언하는 동시에 미리 준비한 안건배척사유, 즉 동대표 해임 사유가 회장 해임 사유와 동일하며, 이에 대해서는 이미 법원이 해임투표를 중지하라고 했다는 내용을 낭독했다. 그런 다음 "이런 까닭에 안건은 심의 표결 없이 배척한다"고 선언해버렸다. 저들이 어리둥절한 틈을 타 나는 곧바로 폐회를 선언하고 유유히 회의장을 빠져나왔다. 이런 상황을 전혀 예상하지 못한 저들은 완전히 닭 쫓던 개 지붕 쳐다보는 꼴이었다.

또다시 경비원을 동원하다

입주자대표회의를 통한 동대표 해임 절차가 막히자 저들은 해임동의서를 통한 동대표 해임투표 작전에 돌입했다. 지난번처럼 또다시 경비원에게 해임서명서를 받아오게 했다. 하지만 그들의 거듭되는 만행에 분개하는 입주민이 늘어갔고, 이 같은 경비원의 행태는 바로 나에게 접수될 수밖에 없었다.

해당 경비원을 찾아가 증거를 압수하고 누가 시켰냐고 따져 물었다. 시원한 가을날인데도 땀을 뻘뻘 흘리던 그 경비원은 끝내 누가 시켰는지 말하지 않았다. 자기가 그냥 해본 것이라고 하는데 내가 보기엔 관리소장이 시킨 게 분명했다.

적폐세력에 적극 부역하는 아파트 유급 직원들의 공통된 특징이 하나 있다. 입주민들에게 제공하는 서비스의 질이 안 좋다는 것이다. 그들은 특정인에게만 충성하고 입주민들에게는 대충대충 대한다. 자기들의 근무안정성이 특정인에게 달렸기 때문이다.

선관위원 추첨까지 조작하다

저들이 동대표 남기업 해임에 성공하려면 반드시 선거관리위원회를 장악해야 했다. 그런데 선거관리위원회 위원 중 한 명이 2016년 2월 말에 이사를 가는 바람에 저들이 선관위를 다시 장악하려면 자기편 한 명을 선관위원으로 위촉해야 했다.

선거관리위원회 모집공고가 나자 나를 지지하고 보호하려는 입주민 여섯 명이 지원서를 제출했다. 저들 쪽에서는 70대 후반의 할머니 한 명이 지원했다. 절실한 저들 편에서 한 명만 지원하다니 뭔가 이상했다.

일곱 명이 지원했기 때문에 추첨을 해야 했다. 추첨일은 2016년 9월 30일 오후 2시였고, 장소는 관리사무소 입주자대표회의실이었다. 저들과 한 몸이자 만날 때마다 내게 쌍욕을 퍼붓던 선거관리위원장과 어떻게든 나를 해임시키려 안달이 난 관리소장이 추첨을 진행했다. 당시 경남 거창에 출장 중이었던 나는 혹시나 하는 걱정도 있었지만 6대 1이었기 때문에 낙관하고 있었다. 관리소장과 선거관리위원장이 추첨을 진행한다는 것이 다소 찜찜할 뿐이었다.

일곱 장의 표를 함에 넣고 한 명씩 뽑기를 진행했다. 추첨 순서는 1, 2번이 우리 쪽이고, 3번이 그 노인이었다. 첫 번째 지원자와 두 번째 지원자가 낙첨표를 뽑았다. 긴장이 흘렀다. 그런데 세 번째 지원자인 그 노인이 당첨표를 뽑아들었다. 선관위원장은 기다렸다는 듯이 그 노인이 선관위원으로 위촉되었다고 선언했고, 관리소장은 추첨함을 가져가려 했다.

그런데 수상한 점이 있었다. 첫 번째 두 번째 지원자 모두 자신의 손이 빈손임을 보이고 추첨함에 손을 넣었는데, 그 노인은 뭔가를 움켜쥔 채 추첨함에 손을 넣은 것이다. 그 광경을 목격한 나머지 지원자 여섯 명이 거칠게 항의했다. 추첨함에 표가 네 장 남아 있는지 확인하자고 하자(처음에 일곱 장의 표를 넣고 추첨을 진행했고 세 명이 표를 뽑았으니 정상적으로 진행했으면 추첨함에 네 장이 남아 있어야 했다) 관리소장이 추첨함에 있던 표를 모두 찢어버렸다.

추첨 부정이 확실했다. 관리소장의 행동에 분개한 여섯 명의 지원자들이 추첨을 다시 해야 한다고 주장했다. 그러자 한쪽 방에 대기하고 있던 적폐세력들이 우르르 몰려나와 항의하는 지원자들을 거칠게 몰아붙여 쫓아버렸다. 조폭 영화의 한 장면 같았다고 한다. 또다시 비상이 걸렸다. 저들이 밟을 다음 단계가 뻔했기 때문이다.

마지막 작전,
괴롭혀서 쫓아내기

부정한 방법으로 다시 선관위를 장악한 저들은 나의 '회장'직이 아니라 '동대표'직 해임을 향해 질주했다. 동대표 해임의 첫 단계는 내가 사는 동의 입주민 1/10의 해임동의서를 받는 것인데, 저들은 또다시 경비원을 통해 해임동의서를 받으려 하다 입주민의 제보와 나의 제지로 실패했다. 그러자 자기들이 직접 동의서를 받으려 했다.

　나는 내가 사는 동 주민들에게 저들의 만행을 알리고 해임동의서에 서명해달라는 말에 응하지 말아줄 것을 요청하기 위해 만든 유인물을 들고 90세대 전체를 방문했다. 문을 열고 무심하게 유인물을 받아드는 입주민도 있었지만, 어떻게 되어가는 거냐, 왜 저렇게 당신을 회장직에서 자르려고 혈안인 거냐, 힘들어서 어쩌냐 하며 위로를 전하는 입주민도 있었다. 나는 고맙다는 인사와 함께 친절하게 하나하나 설명했다. 그러나 마음이 놓이진 않았다.

아버지 상중에도 해임 걱정을 해야 했던 비참함

2016년 10월 27일, 갑자기 부친이 돌아가셨다. 슬픔이 나를 뒤덮었다. 그러나 상주로서 장례 절차를 밟아야 하는 상황에서도 나는 해임을 걱정해야 했다. 장례를 마치려면 최소 일주일 이상은 걸리는데, 내가 상중이라는 걸 저들이 알면 내가 없는 틈을 이용해 해임투표를 밀어붙일 수 있었기 때문이다. 불안했다. 그들은 충분히 그러고도 남을 위인들이었다.

장례 이튿날이 마침 결재일이었다. 아침에 일찍 일어나 평상복으로 갈아입고 단장을 한 후 직접 차를 몰고 관리사무소로 갔다. 나는 아무 일 없는 것처럼 결재 서류를 검토하고 경리에게 몇 가지 질문을 하고 확인 후 결재를 마치고 관리사무소를 조용히 빠져나와 장례식장으로 돌아왔다. 다행히 저들은 나에게 무슨 일이 있는지 눈치채지 못했다.

장례식장으로 돌아오는 차 안에서 눈물이 마구 쏟아졌다. 아버지를 잃은 슬픔도 컸지만, 이런 상황에서까지 해임을 걱정해야 한다는 내 신세가 비참하고 처량했기 때문이다.

부정 추첨을 되돌리다

2016년 9월 30일, 선관위원 부정 추첨을 현장에서 목격한 여섯 명의 지원자는 분노했다. 특히 이들은 추첨함에 남아 있던 표를 찢어버린 관리소장의 만행에 치를 떨었다. 분개하던 그들은 결국 부정 추첨을 통해 선관위원으로 위촉된 그 노인의 직무를 정지시키는 가처분신청을 하기로 결정했다.

다행히 지원자 중 한 명이 당시 추첨 상황을 핸드폰으로 촬영해두었다. 영상에는 당첨 표를 뽑은 노인이 한 손에 무언가를 쥔 채 추첨함에 손을 넣는 장면이 고스란히 담겨 있었다. 추첨 전에도 그 노인의 얼굴엔 긴장한 기색이 역력했다. 가처분 재판에서 우리 측 대표는 동영상을 상영하며 설명했고, 결국 2016년 11월 3일에 노인의 선관위원 직무가 정지되는 판결이 내려졌다.

이렇게 해서 저들의 불법적인 선관위 장악도 실패로 돌아갔다.

처음에는 나를 회장직에서 해임시키려 하다가 법원과 수원시의 저지로 못했고, 동 대표직을 날리는 작전으로 변경해 경비원을 통해 해임동의서를 받으려 하다가 실패했고, 선관위원 부정 추첨도 발각되어 결국 모두 실패하고 말았다. 이것이 2016년 1월에서 11월 초까지 무려 10개월 동안 진행된 일이다.

회의 때 괴롭혀서 쫓아내기

회장이든 동대표든 해임투표라는 공식 절차를 통한 '남기업 자르기'에 실패하자 저들은 '괴롭혀서 쫓아내기'에 돌입했다. 매월 1-2회 열리는 입주자대표회의에서 모욕을 주면 그만둘 것이라고 생각한 것이다. '남기업 저 친구 가만히 보니 하는 일이 매우 많네' '괴롭히면 분명히 때려치울 거야' '뭐 돈 때문에 회장에 나선 것도 아닌 것 같은데 버틸 이유가 있겠어?'라고 생각한 듯했다.

선봉에 선 행동대장은 해임을 주도했던 감사였고, 적폐의 '몸통'과 관리소장은 이 모든 일의 기획 및 감독으로 보였다. 본래 감사의 역할은 입주자대표회의가 의결한 사항을 관리사무소가 규약에 맞게 잘 집행하고 있는지, 입주민들의 민원을 제대로 처리하고 있는지를 감시하는 것인데, 그 감사는 '남기업 괴롭히기'에 몰두했다.

그는 말도 안 되는 사안으로 나를 검찰이 취조하듯 몰아붙이기 일쑤였다. 그런 식의 질문을 중단해달라고 요청하면, 다른 이들이 벌떼처럼 일어나 왜 그런 식으로 사회를 보냐며 삿대질을 했다. 그는 또 회의 때마다 나를 '남씨'라고 불렀다. 나를 회장이라고 인정하지 않겠다는 뜻이었다. 공식 회의이니 직함을 불러달라고 요청하면 "남씨를 남씨라고 부르는 게 뭐가 잘못되었냐"며 비웃었다. 그런 감사의 언행과 당황하는 내 모습을 보며 저들은 깔깔대고 웃었다.

또 다른 감사는 발언하다가 갑자기 내 쪽으로 뛰어와서는 멱살을 잡으며 위협하기도 했다. 어떤 때는 발언하는 나를 향해 혀를 날름거리며 조롱하기도 했으니, 저질도 그런 저질이 없었다.

적폐세력의 하수인이 된 80세의 동대표도 있었다. 그 노인은 말도 안 되는 내용을 큰소리로 장황하게 말하다가 회의자료를 내 쪽을 향해 던지는 것이 주특기였다. 자료를 던지지 말고 발언을 줄여달라고 요청하면, 저들은 노인을 폄훼한다며 나를 공격했다. 그 노인은 가끔 회의를 마치고 돌아가는 내 뒤를 쫓아와 손으로 등짝을 후려치기도 했다. 관리사무소에서 결재하다 가끔 마주친 그 노인이 내게 "나는 밥 사주는 사람이 좋더라"라고 해서 식사대접까지 하며 이런저런 이야기를 해보았지만, 그의 만행은 그치지 않았다.

그들 중엔 내가 아는 60대 초반의 여성도 있었다. 같은 동 같은 라인에 살았던 적이 있고, 회장이 되기 전에는 오가다 만나면 서로 인사도 하는 사이였다. 나는 그가 저들의 일원이라고 해도 최소한 회의에서 말도 안 되는 공격은 하지 않으리라 생각했는데, 착각이었다. 그녀의 주특기는 회의하다가 벌떡 일어나 "야, 네가 회장이야, 똑바로 해" 하며 호통을 치는 것이었다.

이 모든 것을 기획하고 역할을 분담시킨 것으로 보이는 '몸통'은 회의가 이렇게 아수라장이 되는 게 나 때문이라며 점잖게(?) 쏘아붙였다. 내가 편파적으로 진행해 회의가 개판이 되었다는 것이다. 자기가 회장을 할 때는 모든 동대표의 의견을 존중해주었다고 너스레를 떨기도 했다.

이렇듯 회의는 거의 짐승의 시간이었다. 저들은 경쟁적으로 나를 모욕하고 위협했다. 내가 곤혹스러워하면 자기네들끼리 낄낄대며 비웃었다. 십자가에 매달린 기분이었다.

이렇게 서너 시간 동안 회의에서 시달린 후 집에 돌아오면 회의의 잔상 때문에 도저히 잠을 이룰 수 없었다. 그리고 절망스럽게도 저들의 모욕과 능멸의 정도는 커져만 갔다.

행동대장 감사,
사이렌을 울리다

회의 때마다 계속된 '회장 남기업 괴롭혀서 쫓아내기' 작전은 그 강도를 더해갔다. 회의 중 내 쪽으로 달려와 멱살 잡기, 악담을 퍼부으며 회의자료 집어던지기, 등짝 후려갈기기, 조롱하며 비웃기, 때론 야한 농담을 하며 자기들끼리 낄낄거리기 등 이루 말할 수 없는 언어적·정신적 폭력이 이어졌다. 대책이 필요했다.

고민 끝에 입주민의 회의 참관이란 아이디어가 떠올랐다. 아무래도 입주민이 보고 있으면 저들의 만행이 수그러들지 않을까 생각한 것이다. 이미 아파트엔 회장 남기업이 회의 때마다 심한 수치와 모욕을 당한다는 소문이 파다했기 때문에 평소 아는 지인들에게 연락해 회의 참관을 요청했더니 바로 응했다.

회의 참관을 요청한 또 다른 이유는 50억 원이나 되는 우리 아파트의 1년 관리비 용처를 어떤 사람들이 어떤 방식으로 결정하는지 그들도 보게 해 각성시키려는 목적도 있었다.

입주민 참관에도 수그러들지 않은 만행

회의에 참관하는 입주민이 처음에는 서너 명쯤 되더니 나중에는 20여 명으로 불어났다. 한번 참관했던 입주민이 다른 사람들을 데리고 온 것이다. 그러나 내 예상은 보기 좋게 빗나갔다. 저들의 만행은 전혀 수그러들지 않았다. 보다 못한 입주민들이 정중하게 항의했다. '회장의 사회권을 존중해야 회의가 원만하게 진행되지 않겠느냐' '왜 회장에게 심한 인신공격성 발언을 하느냐' '발언을 하려면 자기 생각을 말하면 되지 왜 불필요한 말을 하느냐' '욕하는 건 너무한 거 아니냐' 등 항의성 질문을 던졌다.

그러나 항의하고 질문하는 입주민들을 향해 저들은 오히려 삿대질을 하며 저주에 가까운 말을 퍼부었다. 이 과정에서 거친 몸싸움과 욕설이 오갔고, 회의장은 순식간에 아수라장이 되어버렸다.

그러던 중 행동대장인 감사가 상상을 초월하는 만행을 저질렀다. 핸드마이크를 들고 나타난 것이다. 시장에서 채소 팔 때 쓰는 핸드마이크 말이다. 처음엔 '저 사람이 왜 저걸 들고 왔나' 생각했는데, 발언할 때마다 핸드마이크를 켜는 게 아닌가. 너무 시끄러워 '끄고 발언해 달라' '감사의 발언이 다 들리니 제발 핸드마이크를 사용하지 말아달라'고 간청해도 아랑곳하지 않았다.

그런데 그는 핸드마이크를 확성기로만 사용하지 않았다. 안건 토론을 하다가 나에게 논리가 밀리는 것 같으면 핸드마이크 사이렌을 웽~하고 울렸다. 순식간에 회의 장소가 사이렌 소리로 가득 찼고, 그 광경을 보고 저들은 낄낄대며 웃었다. 참관한 입주민들은 할 말을 잃었다.

저들의 행동을 지켜본 입주민들은 경악을 금치 못했다. 입주민의 참관에도 아랑곳하지 않았을 뿐만 아니라 수위가 점점 높아졌기 때문이다. 그것에 항의하면 욕을 하고 야유를 하니 당해낼 재간이 없었다. 참관인의 수가 하나둘씩 줄어들기 시작했다. 참관을 포기한 입주민들은 내게 미안했는지 "혼자 있게 해서 미안하다" "너무 화가 나서 도저히 참관할 수 없다" "미안하다" 등의 문자를 보내왔다.

하루는 내가 회의 때마다 극심한 괴롭힘에 시달린다는 소식을 들은 같은 아파트에 사는 친누나가 참관하러 왔다. 회의의 전 과정을 지켜본 누나는 회의가 끝나자 나를 붙들고 한참을 울었다.

이렇게 되니 회의 며칠 전부터 긴장되기 시작했고, 회의 당일엔 긴장감이 극에 달했다. 그러나 지금 그만두면 결국 악에게 패배하는 것이라는 생각이 들어 버틸 수밖에 없었다. 물론 치러야 할 대가는 혹독했다.

완전히 혼자가 되었지만

동대표 15명 중 나를 지지하는 동대표는 세 명이었다. 점잖았던 그들은 저들의 만행을 어떻게 해볼 방도가 없어 회의 때마다 그냥 앉아 있기만 했다. 그런데 그중 40대 초반의 동대표 한 명이 안되겠다 싶었는지 나서기 시작했다.

모욕을 당하는 나를 옹호하고 방어하는 발언을 하는 그에게도 어김없이 야유와 조롱이 날아왔다. 어느 날 난장판이었던 회의가 끝난 후 그는 행동대장인 감사에게 다가가 결투를 신청했다. 놀이터에 가서 한판 붙자고 한 것이다. 그런데 특이한 건 싸우다가 다쳤을 경우 양쪽 모두 치료비를 물어내라거나 민형사상 소송을 제기하지 않겠다는 각서를 쓰고 붙자는 거였다. 그는 각서까지 준비해 왔다. 키가 크고 덩치가 좋은 그가 각서 쓰고 한판 붙자고 하니 감사는 겁을 먹었는지 그냥 가버렸다.

그런데 얼마 있지 않아 그는 다른 아파트로 이사를 갔다. 회의에서 그나마 내 편이 되어준, 논리적으로 방어를 해준 용맹한 그가 떠나버린 것이다. 조용했던 나머지 두 명의 동대표도 연이어 이사를 가며 나는 완전히 혼자가 되었다. 절망스러웠다.

효과적이었던 정회 및 산회 작전

입주민의 회의 참관도 도움이 되지 않아 고민하던 내게 어느 입주민이 좋은 아이디어를 제공했다. 회의를 계속할 필요 없이 소란을 피우거나 공격을 하면 정회와 속개를 반복하다가 산회(散會)를 해버리라는 것이었다. 회장을 비난하는 말을 하면 중단을 요청하고, 중단하지 않으면 정회를 하고, 속개해도 똑같은 일이 반복되면 "회장의 사회권이 유지될 수 없어 오늘 회의는 여기서 마친다"라고 선포한 다음 회의장을 빠져나오라고 했다. 끝까지 앉아서 더러운 꼴을 볼 필요가 없다는 거였다.

그 후 나는 저들이 근거 없는 비난 발언을 할 때마다, 사이렌을 울릴 때마다 정회를 선포했다. 그리고 5분 후 회의를 속개했다가 같은 일이 반복되면 산회를 선포해버렸다. 어떤 때는 20분 만에 회의를 끝낸 적도 있었다. 이렇게 하니 적폐세력과 한 몸인 관리소장이 안달이 났다. '꼭 처리해야 할 안건이 있는데 이렇게 회의를 끝내면 어떻게 하느냐고 하소연하기에 '안건을 통과시키고 싶으면 당신이 회의할 수 있는 여건을 만들라'고 나는 대답했다.

한 해 동안 열한 번의 고소를 당하다

내가 사퇴하지 않으니 이번에는 경찰과 검찰에 고소하는 방법을 썼다. 나의 회장 업무를 방해하는 저들이 '업무방해' 혐의로 나를 고소했고, 나의 명예를 밥 먹듯 훼손하는 사람들이 '명예훼손' 혐의로 나를 고소했다. 2016년 한 해에만 열한 번이나 고소를 했는데, 그때마다 나는 검찰청이나 경찰서에 가서 조사를 받아야 했다.

2016년 3월 경찰서에 처음으로 조사받으러 갔던 날의 긴장감을 아직도 잊지 못한다. 조사받는 횟수가 더할수록 긴장감은 줄었지만 피고소인 조사는 기분 좋은 일이 아니다. 나보다 한참 아래인 30대 초반의 경찰관 앞에서도 난 '을'일 수밖에 없었고, 반말 비슷하게 하는 경찰에게도 최대한 경어를 써야 했다. 물론 저들이 나를 고소한 사건은 모두 무혐의처분을 받았다. 저들 역시 무혐의처분이 내려질 줄 알면서도 나를 고소한 것이다.

회의 때마다 괴롭히고 고소를 밥 먹듯이 했지만, 나는 버텼다. 신기하게도 '세월호'가 나를 버티게 하는 데 큰 힘을 공급해주었다. 2014년 8월부터 2017년 문재인 대통령이 당선되는 날까지 매일 세월호 참사의 진실을 밝혀야 한다는 내용의 피켓을 목에 걸고 출퇴근을 했다. 일요일마다 같은 교회에 다니는 사람들과 전철역에서 세월호 피케팅도 했다(일주일에 한 번씩 하는 피케팅은 지금도 계속하고 있다).

피켓을 목에 걸거나 들고 있으면 차디찬 바닷속에서 죽어간 아이들과 유가족의 고통을 자연스럽게 헤아리게 된다. 세월호의 슬픔과 분노 속으로 들어가게 되면 어느새 아파트에서 당하는 나의 고통은 가벼워졌다. 신기하고 놀라운 체험이었다. 어떤 때는 내가 당하는 치욕이 사사롭게 느껴지기까지 했으니 말이다.

그러나 언제까지 수비만 하고 있을 수는 없었다. 고난의 과정에서 나를 돕는 사람이 하나둘 생겼고, 나는 그들과 함께 주말마다 모여 작전을 짰다.

제2부

수비 후 공격

방어에서 공격으로,
연대를 시작하다

'회장' 남기업 쫓아내기를 위한 세 번에 걸친 해임투표를 재판과 행정력을 동원해 막아내고, 선관위를 불법으로 장악해 '동대표' 남기업을 해임하려 한 것 역시 재판을 통해 봉쇄했지만, 매달 1-2회 열리는 회의 때마다 무참히 당하는 괴롭힘은 참기 어려웠다. 가만 있으면 임기 2년 내내 그렇게 당할 것 같았기에 버티기만으로 일관할 수는 없었다. 저들의 무차별적 공격을 모면하기 위해 정회 및 산회 작전을 펴기도 했지만 한계가 있었다. 방어가 아닌 공격이 필요했다.

나를 안타깝게 여기는 입주민들과 퇴근 후 아파트 상가 치맥집에 모여 대책을 논의하기도 했지만, 애석하게도 그들은 동대표가 아니었다. 말 그대로 원외였기 때문에 직접적 도움을 주진 못했다. 그러나 그들은 존재만으로도 큰 위로가 되었다. 그들은 나의 고통을 응시했고,

공감했고, 분노했으며, 한편으로 미안해했다. 나아가 문제를 해결하기 위해 기꺼이 나서주었다. 평범한 그들의 공통점은 공감을 바탕으로 한 '분노'를 품었다는 것이다.

입주민들과의 연대

나를 가장 앞장서서 도운 사람은 전직 경찰 출신 입주민이었다. 2016년 3월 세 번에 걸친 해임투표에 시달리고 있던 어느 날, 모르는 번호로 전화가 걸려왔다. 해임투표에 관해 할 말이 있으니 만나자는 전화였다. 만나보니 30년 가까이 경찰로 근무하다 지금은 퇴임한 입주민이었다. 그의 말의 요지는 다음과 같았다.

"내가 현직에 있을 때 동대표들끼리 갈등하다 해임투표까지 가는 걸 많이 경험했다. 하지만 한 번 투표해 부결되면 그것으로 끝내야지, 투표결과를 무효로 하고 세 번씩이나 투표하는 건 있을 수 없는 일이다. 이는 입주민의 총의를 선관위 몇 명이 뒤엎는 반민주주의적 폭거다. 지금 저들은 당신이 해임될 때까지 뭐든 계속할 태세다. 저렇게까지 불법을 저지르는 데는 필시 무슨 까닭이 있을 것이다. 내가 도와주겠다."

논리가 정연했다. 그는 나를 괴롭히는 저들을 어떻게 상대할지, 그런 사람들의 약점이 무엇인지, 어떻게 법적 대응을 할지, 저들과 말을 섞을 땐 어떻게 접근해야 할지, 어떤 말을 삼가야 할지 등을 코치해주었다. 경찰 생활을 하며 쌓은 경험과 전문성이 유감없이 발휘되었다.

어떤 때는 회의에 참관해 나를 괴롭히는 동대표들과 싸우기도 하고, 때론 법원과 경찰에 제출할 서류를 작성해주기도 했다. 내겐 너무나 고맙고 필요한 사람이었다.

세월호가 인연이 되어 만난 입주민들도 있었다. 2015년 5월 말(아파트 회장 임기는 2015년 10월 중순부터였으니 당시 난 평범한 입주민이었다)인가 어떤 일로 낮에 수원역 지하상가를 지날 때였다. 항상 하던 대로 세월호의 진실을 밝혀야 한다는 내용의 피켓을 앞뒤로 걸고 걸어가는데, 지하상가 한쪽에서 테이블을 펼쳐놓고 세월호 진상규명을 위한 서명을 받고 있는 서너 명의 여성들이 눈에 들어왔다. 반가운 마음에 가벼운 눈인사를 하고 가던 길을 가려는데 그중 한 명이 나를 불러세웠다. 아마도 내가 피켓을 앞뒤로 메고 있었기 때문일 것이다. 부끄럼을 많이 타는 나는 그분들과 세월호 진상규명과 관련한 이야기를 나누고 서로를 격려한 후 기념사진을 찍고 헤어졌다.

그런데 나중에 알고보니 그중 두 명이 우리 아파트 입주민이었다. 아파트 회장이 '나쁜 놈'들에게 회의 때마다 수모를 당한다는 이야길 듣고 참관하러 온 입주민 중에 그들이 있었다. 회의에 참관한 그들은 여러 달 전 수원역에서 세월호 피켓을 메고 지나갔던 사람이 바로 아파트 회장이라는 것을 알아보았다. 그 후 그들은 일이 있을 때마다, 또 서명을 받을 때마다 궂은일을 마다 않고 한결같은 마음으로 동참해주었다.

상식과 몰상식이 있을 뿐

나를 도운 입주민들은 직업도 성향도 다양했다. 재밌는 건 이들의 사회의식이 서로 다르다는 것이었다. 직업적 특성 때문인지 전직 경찰 출신의 입주민은 사회적 이슈에 관해서는 나와 정반대였다. 한마디로 나는 진보고 그는 보수였다. 하지만 마을에서 진보와 보수의 구분은 무의미했다. 상식과 몰상식이 있을 뿐이었다.

해임투표를 한 번 해서 부결되면 수용하는 것이 상식이다. 회장을 쫓아내고 싶다고 해서 회의에 와서 회장에게 욕하고 집단으로 공격하면 안 된다는 것도 상식에 속한다. 아파트 관리비를 알뜰하게 써야 하는 것도 상식에 속한다. 잘못 지출된 관리비는 회수해야 한다는 것 역시 상식이다. 이들이 시간을 내서 나를 도운 까닭은 이런 상식이 소수에 의해 짓밟힌 것에 대한 '의분' 때문이었다.

사회 전체를 이해하기 위해서는 일정한 학습과 고민과 토론이 필요하고 그 학습과 개인의 경험에 따라 생각이 다를 수 있지만, 마을의 일은 조금만 관심을 갖고 들여다보면 누가 잘못했는지, 어떻게 하는 것이 맞는 건지, 누가 나쁜 놈인지 금방 알 수 있다. 대단한 지식과 경험이 필요하지 않다는 것이다. 아무튼 아파트 문제를 해결하는 데 있어 사회의식의 다름은 아무 문제가 되지 않았다.

정밀감사라는 양날의 검

밤마다 모여 논의한 끝에 우리는 행정기관인 수원시에 정밀감사를 요청하기로 의견을 모았다. 나에 대한 근거 없는 중상모략이 사실이 아님을 밝히는 동시에 저들의 비리를 행정기관을 통해 적발할 수 있는 양날의 검이라고 생각했기 때문이다. 게다가 수원시는 2016년에 아파트 입주민의 1/3 동의를 받아 감사를 청구하면, 아파트에서 비용을 한 푼도 들이지 않고도 정밀감사를 받을 수 있는 제도를 도입했다.

당시 저들은 나를 부도덕한 사람이라고 떠들고 다녔다. 과거 비리 공사와 내가 연루되었다는 거였다. 그래서 나는 감사 대상에 그들이 주장하는 것도 넣자고 제안했다.

물론 저들에게도 상당한 의혹이 있었다. 저들 대부분이 전임 회장과 동대표들이었는데, 당시 동대표 운영비를 유용한 증거들이 있었고, 공사업체 선정과 실제 공사에도 이상한 부분이 상당히 많았다. 이것은 저들의 아킬레스건이었다. 나는 그들에게 다음과 같은 내용으로 제안했다.

"당신들이 페인트 코킹 공사에 엄청난 비리와 부정이 있었다고 하니, 정말 그런지 우리끼리 갑론을박할 것이 아니라 수원시에 요청해 정밀감사를 받아보자. 그러나 페인트 코킹 공사뿐만 아니라 최근 5년 동안 아파트에서 수선유지비와 장기수선충당금으로 실시했던 각종 공사의 적법성 여부, 그리고 동대표 운영비 등이 합법적으로 집행되었는지도 정밀감사를 받자. 만약 정밀검사를 받아 불법성이 드러나면 반드시 그 책임을 지게 하자. 이렇게 해서 과거를 둘러싼 대립과 갈등을 끝내고 미래로 나아가자. 우리끼리 왈가왈부할 것이 아니라 공공기관의 감사를 받고 책임질 일이 나오면 반드시 그에 상응하는 책임을 묻자."

저들은 페인트 코킹 공사에 대한 정밀감사 요청을 무척 반겼다. 그런데 감사 대상에 과거 5년간 진행한 아파트의 모든 공사도 포함시키자는 데엔 껄끄러워했다. 받자니 부담스럽고 안 받자니 명분이 약하고, 진퇴양난에 빠진 것이다. 가장 꺼리는 사람은 바로 '몸통'과 관리소장이었다.

어쨌든 나는 회장 직권으로 수원시 정밀감사 청구를 회의 안건으로 상정했다.

입주민들과 함께 이룬
수원시 정밀감사

아파트 회장이 행정기관에 자기 아파트에 문제가 있으니 정밀감사를 해달라고 요청하는 건 누가 봐도 이상한 일이다. 보통 아파트에서 가장 힘이 센 사람이 회장이고 관리소장과 직원들은 회장의 지휘 아래 있으므로(물론 원칙상 관리사무소 직원과 회장은 서로의 업무를 간섭할 수 없다고 되어 있지만 현실은 그렇지 않다) 회장이 과거 공사의 불법성을 밝히고 불법 당사자에게 책임을 지우는 일은 맘만 먹으면 얼마든 할 수 있는 일이다. 다시 말해 행정기관에 감사청구를 할 필요가 없다는 것이다. 수원시에 따르면, 당시까지 회장이 주도해 감사를 청구한 경우는 없었다고 한다. 감사청구는 입주자대표회의의 비리 사실을 눈치챈 정의로운 '일반 입주민'이 활용하는 제도라는 것이다.

그러나 우리 아파트는 회장이 일반 입주민들과 함께 감사청구를 요청했다. 나에게 감사청구는 회의 때마다 괴롭히고 모욕하는 다수 동대표에 대한 공격 수단이었다. 가만히 앉아 저들에게 물어뜯기고 조롱당할 수만은 없었기 때문이다.

나는 정밀감사 청구를 정기회의 안건으로 상정했다. 수원시에 감사를 요청하려면 입주민 1/3의 동의를 받아야 하고 작성할 서류도 많았는데, 회의에서 의결해야 관리사무소의 업무지원을 받을 수 있기 때문이다.

감사에 반대하는 저들

물론 저들은 반대했다. 게다가 처음에 반겼던 페인트 코킹 공사에 대한 감사조차 반대하고 나섰다. 자기들이 비리가 있었다고 떠들고 다니는 사안을 감사 대상에 포함시키면 당연히 좋아할 줄 알았는데 한사코 반대하는 게 오히려 이상했다. 그들이 내건 이유는 페인트 코킹 공사의 비리는 '수사' 대상이지 '조사' 대상이 아니라는 것이었다. 그래서 수원시의 감사를 통해서도 밝혀지지 않으면, 혹은 감사를 통해 비리와 불법의 단서가 나오면, 검찰에서 수사를 받도록 하자고 했다. 그들은 그것도 반대했다.

수상했다. 처음엔 저들이 과거 5년 동안 진행된 공사의 적법성 여부만 반대할 줄 알았다. 자신들이 과거 동대표 활동을 할 때 저지른 비리와 불법이 드러날 것을 두려워했으니 말이다. 페인트 코킹 공사를 감사 대상에 포함하는 걸 반대한 이유는 나중에 밝혀졌다. 엄청난 비리가 있었다고 떠들고 다녔는데, 막상 조사하면 별것 아닌 것으로 밝혀지리라는 사실을 저들은 알고 있었던 것이다.

어쨌든 입주자대표회의를 통과하지 못했기 때문에 우리는 직접 동의서에 서명을 받아야 했다. 일단 '수원시 감사추진위원회'를 구성해 주말에 정문에서 서명을 받기 시작했다. 쉬운 일은 아니었지만 1680세대 중 적어도 600세대의 서명을 받으려면 반드시 해야 하는 일이었다.

입주민들이 직접 받아 낸 동의서 서명

동의서 서명 작업은 2016년 5월 21일 토요일부터 시작했다. 역할을 분담해 어떤 입주민은 주민센터에 가서 파라솔을 대여해오고, 어떤 입주민은 사람들에게 나눠줄 전단을 자비로 복사해오고, 어떤 입주민은 동의서 양식을 넣은 파일을 만들어왔다. 또 어떤 입주민은 자비로 배너를 제작해오고, 어떤 입주민은 김밥을 만들어왔다. 그리고 어떤 입주민은 지나가는 입주민들을 불러세워 서명받는 작업을 맡았다. 자발적으로.

그러나 주말에만 서명을 받는 건 한계가 있었다. 동의해주는 입주민도 있었지만 귀찮다며 그냥 지나치는 이들이 더 많았기 때문이다. 2주 동안 서명받은 걸 세어보니 200명도 안 되었다. 우리는 직접 세대를 방문하기로 의견을 모았다. 각 동마다 담당자 두 명씩을 정해서 입주민들이 주로 집에 있는 시간인 평일 오후 8-9시에 세대를 방문하기로 했다.

그러나 세대를 직접 방문하는 건 더 힘든 일이었다. 수고한다며 동의해주는 입주민도 있었지만 문전박대하는 입주민, 반대하는 입주민, 냉대하는 입주민 등 별의별 사람들이 다 있었다. 우리는 실망하지 않고 계속 진행해 결국 1주일 만에 600여 명의 동의를 받는 데 성공했다.

서류 작성도 해야 했는데, 감사청구 문서 양식에 감사를 원하는 구체적인 리스트와 내용을 정리하려면 과거 5년간 아파트에서 있었던 모든 공사를 다 들여다보아야 했기 때문에 간단한 일이 아니었다. 이 작업을 맡은 두 명의 입주민은 지난 5년 동안의 관리비 부과 내역서와 장기수선충당금 사용 목록을 살펴보는 수고를 감당했다. 이렇게 우리는 한 달만에 입주민 1/3에게 동의서를 받고 감사청구 서류를 완성해 수원시에 제출했다. 무엇보다 기쁜 것은 이것이 자기가 사는 아파트를 개혁해보겠다고 나선 입주민들이 이뤄낸 결과였다는 점이다.

그런데 문제가 하나 생겼다. 막상 서류를 제출하러 수원시에 가보니 우리보다 먼저 감사청구를 한 아파트가 열 곳이나 있었다. 순서대로 하면 우리 아파트는 2018년, 그러니까 내가 회장 임기를 마친 이후에나 가능했다.

우리는 우리 아파트가 세 번이나 회장 해임투표를 강행하고 회의 때마다 다수의 동대표가 회장을 말도 안 되는 이유와 방법으로 괴롭히고 있다는 것을 수원시에서도 잘 알고 있으니, 아파트의 상황을 고려해 감사의 순서를 정해달라고 간청했다. 그래서인지 수원시는 2016년 8월에 우리 아파트에 대한 감사를 실시하기로 결정해주었다.

감사결과보고서

2016년 8월 22일부터 26일까지 닷새 동안 진행된 감사에서 수원시는 다섯 명의 전문가를 파견해 최근 5년 동안의 공사 관련 서류와 회계 자료 등을 모두 꺼내놓고 '정밀감사'를 실시했다. 관리사무소 직원들은 초비상이었다. 관리소장이 적폐세력들과 함께 진행한 공사 전반을 다 뒤졌기 때문이다. 적폐세력들도 시간 날 때마다 관리사무소에 들러 감사위원들에게 인사를 했다고 한다.

감사 마지막 날인 8월 26일 금요일, 수원시는 감사 강평회를 열었다. 감사의 기조, 닷새 동안 감사를 진행한 소감, 그리고 후속 조치와 일정에 관해 설명하는 자리였다. 나를 비롯한 감사추진위원회 입주민들은 물론 적폐세력들도 참석했다. 그런데 그들은 그 자리에서도 막말을 해댔고, 심지어 관리소장은 회장인 나를 공격하는 발언을 했다.

감사결과보고서는 감사가 끝나고 3개월이 지난 2016년 11월 말에 나왔다. 감사결과는 예상대로였다. 저들이 그동안 저지른 일들이 사실로 확인된 내용이 상당했다. 페인트 코킹 공사업체 선정 비리는 없는 것으로 나왔다. 감사결과보고서를 확인한 관리소장의 표정은 어두워졌고 저들의 '꽝기'도 약간 누그러졌다.

그러나 수원시 감사로 저들이 완전히 힘을 잃은 것은 아니었다. 감사보고서에서 지적한 사항을 바로잡으려면 회의 안건에 올려 통과시켜야 하는데, 저들이 다수여서 통과가 불가능했기 때문이다. 감사결과보고서 활용은 다음으로 미뤄야 했다.

수원시 감사로 저들의 화력이 조금 떨어졌지만, 나는 거기서 멈추

지 않고 관리소장과 행동대장인 감사를 주저앉히기 위한 다음 작전을
전개했다.

적폐세력의 기획자,
관리소장 내보내기 작전 1

아파트 관리 방법은 크게 두 가지로 나뉜다. 관리사무소 직원을 직접 고용해 모든 것을 입주자대표회의가 책임지는 자치관리와, 수수료를 주고 업체에 관리를 위탁하는 위탁관리가 그것이다. 위탁관리를 하면 관리의 책임은 위탁관리회사가 지게 되고, 상대적으로 입주자대표회의의 책임은 가벼워진다. 이런 까닭에 전문성이 약하고 상근직이 아닌 동대표들로 구성된 입주자대표회의는 위탁관리를 선호한다.

물론 위탁관리회사는 입주자대표회의가 선정한다. 입주자대표회의는 위탁관리회사를 통해 아파트를 관리하는 것이고, 관리사무소에서 근무하는 직원들은 위탁관리회사 직원이 된다. 하지만 직원들은 사실상 입주자대표회의가 고용한 것이나 마찬가지다. 위탁관리회사 선정을 입주자대표회의가 하고, 입주자대표회의가 원하면 언제든 위탁계약을 해지할 수 있기 때문이다. 따라서 관리사무소 직원들의 임면권은 결국 아파트에서 가장 힘이 센 회장이 쥐고 있는 것이나 마찬가지다. 회장의 요청으로 관리소장이 교체되는 것은 아주 흔한 일이다.

그런데 우리 아파트의 관리소장은 회장인 나에게 비협조적인 걸 넘어 공개적으로 나를 비난하는 일이 비일비재했다. 그가 이렇게 할 수 있었던 것은 나를 쫓아내려고 한 압도적 다수의 동대표들이 그의 편이었기 때문이다. 회장인 내가 위탁관리회사에 관리소장 교체 요청을 여러 번 했는데, 그때마다 회사는 입주자대표회의의 의결이 필요하다는 내용의 문서를 보내왔다. 적폐세력이 그의 든든한 뒷배였다.

그런데 관리소장은 저들의 단순한 하수인이 아니었다. 은행 지점장 출신으로 법률적 지식이 상당했고, 수년 동안의 해외 근무 경험으로 영어까지 능통한 그는 내가 보기에 적폐세력의 기획자였다.

관리소장과의 첫 만남

관리소장을 처음 만난 건 내가 회장으로서 업무 인수인계를 받기 위해 관리사무소를 방문한 2015년 10월 16일이었다. 그는 친절했고, 나와 같은 대학을 나왔다며 15년 선배라고 자신을 소개했다. 그의 태도는 매우 공손했다. 나도 선배님이니 오히려 부탁드려야 할 것 같다며 웃으며 인사했다.

그를 만나기 전 내게 들려온 그에 관한 소문은 좋지 않았다. 규모가 큰 우리 아파트에 소장으로 오기 위해 관리회사 브로커에게 500만 원을 상납했다는 소문도 있었고, 입주민들을 하대한다는 이야기도 들렸다. 물론 나는 개의치 않았다. 막상 만나보니 그는 거만하지도 않았고 거짓말을 하는 것 같은 느낌도 없었다.

그런데 이상한 점이 하나 있었다. 업무 인수인계 목록 중 하나인 전기수 입주자대표회의의 운영비 회계 자료를 넘기지 않으려는 것이었다. 전 기수 동대표들의 흠을 잡으려는 것이 아니니 안심하고 정리해서 넘겨달라고 하니까, 아파트에 심각한 갈등을 초래할 수 있다며 거듭 거부했다. 당시 나와 함께 동대표에 선출된 사람 열다섯 명 중 열 명(이들이 바로 적폐세력이었다)이 전 기수이기도 했는데, 그들이 사용한 운영비 내역을 내가 살펴보는 것을 그들이 싫어한다고 말했다.

이해하기 어려웠다. 규약대로 운영비를 썼다면 아무리 많이 썼어도 내가 관여할 사안이 아닐 텐데 말이다. 계속 버티는 관리소장에게 나는 규약에 나와 있는 대로 하자고 설득해 결국 전 기수의 운영비 사용 내역을 받아보았다. 확인해 보니 1500만 원 정도를 불법으로 사용했다. 당시 그걸 문제 삼을 마음은 없었지만, 이것을 알게 된 입주민들이 회수를 강력하게 요청했고, 이것은 결국 나중에 그들을 침몰시키는 수단이 되었다.

해임투표 기획자

앞서 말했듯이 2016년 1월 초부터 3월 말까지 3회에 걸쳐 치러진 나에 대한 해임투표 과정에서 관리소장은 기획자였다. 처음에 나는 관리소장이 회장 해임에 가담한 것은 적폐세력이 다수이기 때문이라고 생각했다. 그러나 그게 아니었다. 나에 대한 해임투표를 중지시키기 위한 가처분 재판을 진행할 때 그는 항상 재판에 출석해 나를 비난하고 거짓 발언도 서슴지 않았다. 적폐세력이 다수여서 어쩔 수 없이 부역한 것이라면 법원에 출석할 필요도 없고 거짓 진술할 이유도 없었다.

또한 재판을 위한 준비서면 등 각종 서류도 그가 쓴 것 같았다. 동대표들이 자기 돈을 들여 법원 제출서류를 작성할 가능성은 별로 없었고, 무엇보다 그들과 서류 작성은 거리가 있어 보였다. 저들이 나를 고소한 고소장도 관리소장이 작성해준 것으로 보였다.

이런 까닭에 나는 '해임투표 중지 및 업무방해 금지' 가처분 재판을 할 때 적폐세력의 핵심 세 명과 관리소장을 채무자(피고)로 지정했다. 관리소장은 준비서면에서 자신은 중립적 입장에서 관리업무를 하는 소장이고, 이 사건은 기본적으로 동대표들 간의 갈등이므로 사건의 당사자가 될 수 없다고 답변했지만, 법원은 이를 받아들이지 않았다. 법원도 관리소장이 단순한 부역자를 넘어 저들과 한 몸으로 움직이고 있다고 판단한 것이다.

그뿐 아니라 그는 홈페이지에 나를 비방하는 글을 서슴지 않고 남겼고, 법적 근거를 갖고 자신을 비판하는 입주민을 고소하겠다고 협박했으며, 실제로 입주민을 고소하기까지 했다. 법으로 입주민들의 입을 틀어막겠다는 것이었다.

욕설과 협박

급기야 관리소장은 협박까지 했다. 회장과 소장은 정기회의 전에 안건을 조정하기 위해 소통하게 된다. 보통 회의 일주일 전에 아파트가 처리하고 추진해야 할 현안을 잘 알고 있는 소장이 이런저런 안건이 필요하다고 회장에게 제안하면, 회장은 그것에 자신의 관심 사항을 포함해 회의 소집을 하는 것이 일반적인 절차다. 나를 해임시키려는 주동자였지만, 그가 관리소장인 이상 회장인 나는 회의를 위해 그와 대화를 할 수밖에 없었다.

2016년 9월 어느 날 한 입주민이 정기회의에 상정해달라며 입주민 20명의 서명을 받아 안건을 제안했다. 안건 상정은 회장의 권한이지만, 아파트 관리규약은 입주민 20명 이상이 서명을 하고 요건을 갖춰 제안하면 회장이 안건 상정을 해야 한다고 명시하고 있다. 그런데 공교롭게도 안건이 '관리소장 교체'였다. 관리소장에 대한 입주민들의 불만이 극에 달한 것이다. 안건을 제안한 입주민은 관리소장이 관리규약과 공동주택관리법을 어긴 사항을 자세히 기록한 서류를 나에게 제출했다. 나는 관리소장에게, 불편할 수 있겠지만 입주민이 요건을 갖춰 요청해왔기 때문에 안건에 상정해야 한다고 말했다.

그는 강하게 반대하며 안건 상정 여부를 입주자대표회의에서 의결하자고 제안했다. 그래서 나는 입주민이 형식과 요건을 갖춰 제안하면 안건으로 채택하는 것이 의무이지 의결사항이 아니라고 말했다. 그러자 그는 갑자기 내게 욕설을 퍼부으며 "너, 밤길 조심해!"라고 협박성 발언을 했다. 무섭고 섬뜩했다.

정전사고 책임 떠넘기기

2016년 10월 30일 일요일 밤 11시 30분에서 다음날 아침까지, 그 쌀쌀한 가을밤에 장장 여덟 시간 동안 정전사고가 발생했다. 그로 인한 아파트 입주민들의 불편은 말할 수 없이 컸다. 그런데 이런 비상상황에서도 관리책임자인 관리소장은 현장에 나타나지 않았다. 직원들이 아무리 전화를 해도 받지 않았다고 했다.

며칠 후 입주자대표회의가 열렸다. 정전사고로 화가 머리끝까지 난 입주민들이 회의장에 몰려와 관리소장에게 정전사고의 책임을 물었다. 입주민들은 "허구한 날 멀쩡한 회장을 해임시키는 데만 혈안이 되어 있고 정작 집중해야 할 아파트 관리를 하지 않고 있으니 정전사고가 일어난 게 아니냐, 신속하게 사태를 수습해야 할 관리소장이 상황이 종료될 때까지 왜 나타나지 않았느냐"고 격렬하게 따졌다. 그런데 관리소장 편이었던 다수의 동대표들이 어처구니없게도 정전사고의 책임을 따져 묻는 입주민들에게 고함을 치며 관리소장을 옹호하고 나섰다.

거기에 힘을 얻었는지 관리소장은 도리어 나를 공격했다. 공교롭게도 10월 27일 목요일에 나는 부친상을 당했고, 정전사고가 일어난 날엔 삼우제 때문에 고향에 머무르고 있어 정전사고 현장에 올 수 없었다. 그런데 관리소장은 나에게 "왜 회장은 정전사고 때 현장에 와보지 않았느냐, 상중이라고 해서 장례식장에 확인했더니 장례식은 10월 29일 토요일에 마쳤다고 하던데, 그럼 30일 일요일 밤에는 정전사고 현장에 와야 하는 것 아니냐"며 공개적으로 나를 비난했다. 그 말을 듣고 적폐세력들도 일제히 나서 삿대질하며 나를 비난했다.

기가 막혀 말이 안 나왔다. 아버지를 갑자기 잃은 슬픔으로 힘들어 하는 사람에게, 그것도 관리책임이 회장에게 있지 않다는 걸 잘 아는 사람이 어떻게 저런 말을 할 수 있을까. 나는 이 일을 계기로 관리소장 을 내보내지 않으면 안 되겠다는 결심을 굳히게 되었다.

그러던 중 그가 회장인 나의 동의 없이 회장 직인을 찍어 대외적으 로 의사표시한 사건, 즉 사문서위조사건이 터졌다. 기회가 찾아온 것 이다.

적폐세력의 기획자,
관리소장 내보내기 작전 2

회장 임기를 시작한 2015년 10월 중순부터 한두 달 동안엔 별문제 없어 보였던 관리소장이 본색을 드러낸 건 두 달이 조금 넘은 2016년 초였다. 회장 남기업 해임동의서를 작성하는 일도, 해임동의서에 서명을 받는 일에 경비원을 동원한 일도, 부당한 해임투표를 막기 위해 회장인 내가 청구한 가처분 재판에서 채무자(피고)로 지정된 동대표들을 대신해 법원에 제출할 서류를 작성하는 일도, 회의 시간마다 이리처럼 나를 물어뜯는 동대표들에게 공격의 재료를 제공한 일도 관리소장이 한 것이 명백했다. 심지어 그는 내게 욕설을 퍼붓고 겁박하기도 했다.

또한 그는 우리 아파트에서 적폐세력의 '몸통'과 한 몸으로 움직였다. 그 '몸통'은 거의 매일같이 관리사무소에 출근하다시피 했다. '회장 남기업 괴롭혀서 쫓아내기' 작전의 실행계획이 관리소장에게서 나오면

'몸통'은 그것을 동대표들에게 전달하고 역할을 배분해주는 것으로 보였다.

관리소장의 '사문서 위조'

그러던 중 회장인 나의 동의 없이 회장 직인을 찍어 대외적 의사표시를 한 사건이 발생했다. 이 사건은 2016년 2월 남기업 회장 해임투표 당시로 거슬러 올라간다. 당시 나는 압도적 다수의 '못된' 동대표들이 주동한 회장 해임투표에서 '해임 반대'가 많이 나와 힘겹게 회장직에 복귀한 상태였다. 회의의 사회권은 당연히 회장에게 있다. 그런데 그들은 2월 정기회의 때 나의 사회권을 부정했을 뿐만 아니라 겁박과 야유로 회의장에서 쫓아냈다. 왜 이렇게 무리한 짓을 할까? 나는 분하면서도 한편으로 참 의아했다.

앞서 말했듯이 그 까닭은 '회의 안건'에서 확인되었다. 수원시에서 일부 재정 보조를 받아 아파트 내 보도블록과 경계석 공사를 진행하는 안건을 다루는 회의였기 때문이다. 그들이 너무나도 하고파 했던 큰 공사를 그들은 전원 찬성을 통해 수원시에 사업신청을 하기로 의결했는데, 만약 그 회의를 내가 주재하면 의결이 쉽지 않을 것이라고 본 것이다.

그런데 이 불법 회의에서 의결된 사항을 이행하기 위해 관리소장은 회장의 직인을 찍어 수원시에 신청서를 보냈다. 수원시도 불법 회의라고 규정했고, 회장인 내가 분명 보내지 말라고 했으며, 불법 회의에서 의결된 사항은 무효이므로 결재할 수 없다고 서류에 명기했는데도 말이다.

나는 소장이 저지른 이 황당한 불법을 어떻게 처리할지에 대해 나를 돕는 입주민들과 의논했다. 논의 결과 관리소장을 형사 고소하자는 결론에 이르렀다. 관리소장과 그의 편에 서서 나를 몰아내려는 못된 동대표들의 만행에 분노한 30년 경찰 경력의 한 입주민이 가장 강경했는데, 그는 고소장 초고를 직접 써주는 수고를 마다하지 않았다. 법무법인 〈에셀〉의 오재욱 변호사도 회장의 동의를 득하지 않고 도장을 찍은 것은 '사문서위조'에 해당하며, 그 위조된 문서를 수원시에 발송한 것, 즉 대외적 의사표시를 한 것은 '위조사문서행사'라고 조언해주었다. 사건을 수사한 검찰은 관리소장에게 벌금 100만 원의 기소처분을 내렸는데, 소장은 이에 불복하고 정식재판 청구를 해 결국 형사재판까지 가게 되었다.

재판부는 회장이 결재 서류에 자필로 "불법 회의 의결사항이므로 결재할 수 없다"라고 의사표시를 했음에도 회장 직인을 찍어 수원시에 보냈다는 점을 들어 유죄를 인정했다.

관리소장, 전과자가 되다

형사재판에서 담당 검사가 나를 증인으로 신청해 관리소장과 나는 법정에서 마주하게 되었다. 나는 검사 측 증인으로, 그는 피고인으로. 그는 시종일관 억울하다고 판사에게 항변했는데 내용은 이러했다.

"관리소장의 역할은 입주자대표회의에서 의결된 사항을 이행하는 것인데, 수원시 지원사업에 응모하는 것을 입주자대표회의에서 의결했고, 나는 의결된 사항이므로 관행대로 회장의 직인을 찍어 수원시에 보낸 것이다. 회장의 사회권이 박탈된 건 동대표들 간의 갈등 때문이어서 내가 관여할 바가 아니고, 나는 의결된 걸 단지 수동적으로 이행했을 뿐이다."

그러나 재판부는 그가 불법 회의라는 것을 인지하고 있었다는 점, 더구나 불법 회의라고 규정한 수원시 공문을 확인했다는 점, 회장이 "불법 회의 의결사항이므로 결재할 수 없다"라고 결재 서류에 자필로 의사표시를 했음에도 회장 직인을 찍어 수원시에 보냈다는 점을 들어 유죄를 인정했다. 한마디로 말해 '전과자'가 된 것이다.

그러나 유죄판결을 받았다고 해서 당장 그를 내보낼 수는 없었다. 그렇게 하려면 회의를 거쳐야 했는데, 관리소장 편인 동대표들이 다수를 차지한 입주자대표회의에서 관리소장 교체 안건이 통과될 리 만무했기 때문이다. 나는 관리회사가 교체될 때까지 기다릴 수밖에 없었다. 교체된 관리회사가 관리소장을 유임시킬 수 없도록 하는 작전을 기획한 것이다.

극도의 보안유지 작전

2016년 12월 20일 정기회의에 위탁관리업체를 교체하는 안건이 상정되었고, 입찰을 거쳤지만 당연히 저들이 원하는 업체가 선정되었다. 새로 선정된 업체의 사장과 적폐세력의 '몸통'과 관리소장은 오래 전부터 아는 관계였고, 서로 밀고 끌어주는 끈끈한 사이였다.

그러나 관리업체 사장과 계약을 하는 사람은 회장인 나였다. 나를 돕는 입주민들과 논의 끝에 계약서에 새로운 조항을 넣기로 했다. 관리소장이 유죄판결 받은 것을 이용하기 위해 "을은 아파트 관리업무와 관련하여 형사사건으로 유죄판결을 받은 자를 관리사무소장으로 배치하여서는 아니된다"는 조항을 계약서에 넣은 것이다.

이 작전은 극도의 보안을 유지해야 했다. 관리소장과 관리사무소 직원들이 신설된 조항의 내용을 계약 전에 미리 알아버리면 그들이 물리력을 행사해서라도 계약 자체를 막으려 할 것이기 때문이다. 나는 수정한 계약서를 보내주면 복사해 준비해놓겠다는 관리사무소 직원에게 내가 직접 출력해서 가지고 갈 테니 준비할 게 따로 없다고 답해놓았다.

관리업체 사장의 부주의

2017년 1월 10일 아침 신설 조항을 삽입한 계약서를 들고 위탁관리업체 사장과 계약을 하러 관리사무소로 향했다. 정말 긴장되는 순간이었다. 관리소장의 근무 현장인 관리사무실에서 계약을 진행하는 건 부담스러워 나는 사장에게 접견실로 가서 계약서 서명을 하자고 했다. 접견실에서 간단한 인사를 나눈 후 내가 수정하고 신설한 부분이 있으니 검토해보라고 하며 계약서 한 부를 사장에게 건넸다. 상대방이 모르게 계약서 조항을 신설해놓는 것은 상대방을 속이는 것이기 때문에 차마 그렇게 할 수는 없었다.

적폐세력과 친한 관리업체 사장은 수정·신설한 부분이 어디냐고 묻지 않고 바로 서명을 했다. 나는 속으로 쾌재를 불렀다. 만약 신설된 조항이 무엇이냐고 묻고 그 내용을 그가 알았다면 즉시 밖에 있는 관리소장에게 알렸을 것이고, 그렇게 되면 관리소장이 내게 어떤 해를 가할지 알 수 없는 일이었다. 또 아파트에는 적폐세력들이 항시 대기하고 있었으니, 계약서에 신설 조항을 넣은 것은 위험을 무릅쓴 모험이었다.

나는 안도의 숨을 내쉬며 계약서에 도장을 찍고 사장과 인사를 나눈 후 관리사무소를 유유히 빠져나왔다. 그리고 관리사무소 직원에게, 계약서 효력을 둘러싼 시비를 사전에 차단하기 위해 오늘 서명한 계약서를 바로 홈페이지에 올려 입주민에게 공고할 것을 주문했다.

며칠 후 관리회사 사장을 내가 근무하는 서울 신촌 연구소 근처에서 만났다. 나는 계약서와 함께 관리소장이 유죄판결을 받았다는 서류를 보여주며 계약서에 따르면 현 관리소장을 우리 아파트에 근무시키면 안 된다고 했다. 사장은 당황했다. 그런 신설 조항이 들어 있는지 몰랐다는 것이다. 나는 계약 당시 수정·신설 조항이 있으니 검토하라고 분명히 말했고 계약 자유의 원칙에 따라 계약했기 때문에 계약서는 유효하다고 단호하게 말했다. 그리고 제대로 된 관리회사라면 전과자를 근무시키면 안 되는 게 아니냐고 압박했다.

이 사실을 관리업체 사장에게 전달받은 관리소장은 바로 나에게 전화를 해왔다. 그는 입에 담기 힘든 욕을 해댔고, 나를 사기죄로 고소하겠다고 윽박질렀다. 이 사실을 접한 적폐세력들은 정기회의에서 계약이 사기로 이루어졌으니 재계약을 해야 한다며 난리를 쳤다.

그러나 나는 그들에게 계약서 서명은 적법하게 이루어졌고, 계약서의 신설 조항은 누가 봐도 우리 아파트를 위한 조항이라는 논리로 맞섰다. 나는 그들에게 지나가는 입주민들을 붙들고 전과자가 우리 아파트의 관리소장을 하는 것이 좋은지 안 좋은지 한번 물어보라고도 했다.

관리소장, 드디어 아파트에서 내보내다

저들의 기획자 역할을 했던 관리소장이 아파트를 떠난다는 것은 저들이 가진 전력의 절반 이상을 상실하는 것이기 때문에, 저들은 한 달 이상 거의 광기에 가까운 행태를 보였다. 회의에서의 고함과 욕설은 기본이었다. 하지만 나는 견뎠다. 내가 물러서지 않는 것을 확인한 관리회사는 결국 관리소장을 교체했다. 계약서를 이행하지 않을 수 없었던 것이다.

관리소장이 교체되자 저들의 전력은 급감했다. 나를 향한 공격의 칼날은 무뎌졌고 회의 때 손발이 안 맞는 모습도 자주 노출되었다.

행동대장,
감사 주저앉히기 작전 1

아파트 회장을 하며 가장 괴로웠던 일은 나의 존재 자체를 부정하는 사람들과 한 달에 한두 번씩 얼굴을 맞대고 회의를 해야 하는 것이었다. 세 번이나 나를 쫓아내기 위한 불법적 해임투표를 자행한 자들과, 더구나 그에 대해 사과 한마디 안 하는 사람들과 안건을 놓고 토론을 한다는 것 자체가 말이 안 되는 일이었다. 그러나 회장을 사임하지 않고 버틸 거라면 그들을 만나지 않을 수 없었다. 회의로 인한 스트레스는 상상을 초월했다. 회의 며칠 전부터 잠을 설쳤고, 당일에는 스트레스가 너무 커서 일상을 소화하기 힘들 지경이었다.

일종의 분업체계를 가진 '남기업 괴롭혀 쫓아내기 작전'의 총감독은 우리 아파트에서 네 번이나 회장을 하고 나와 회장 선거에서 붙었던 '몸통'이다. 기획자는 관리소장이고, 행동대장은 감사였다. 물론 다른 사람들도 고함지르고 욕하고 멱살 잡고 심지어 등짝을 후려치기까지 하며 나를 괴롭혔지만, 행동대장인 감사의 만행에 비할 바가 아니었다.

그는 나의 회의 사회권을 방해하기 위해 상인들이 채소 팔 때 사용하는 핸드마이크까지 들고 온 사람이다. 욕하고 야유하고 조롱하는 건 기본이었다. 자기가 발언할 땐 확성기에 대고 말하고 내가 발언할 땐 사이렌까지 울렸으니 더 말해 무엇하랴. 그런데 문제는 이 행동대장 감사의 만행을 제어할 마땅한 수단이 없다는 것이었다. 그나마 나를 지지해주던 세 명의 동대표들도 다 이사를 가버렸고, 입주민들이 회의에 참관해 항의해도 그들의 만행은 계속되었다. 정말 미치고 환장할 노릇이었다.

법에 호소하다

나를 돕는 입주민들과 법무법인 〈에셀〉의 오재욱 변호사와 이 일로 여러 번 상의한 끝에 '회장직무집행방해금지 가처분 재판'을 신청하기로 했다. 어떤 대안도 기대할 수 없는 상황에서 나 같은 약자가 선택할 수 있는 건, 시간이 걸리더라도 '법'밖에 없었다.

사실 더 근본적인 대책은 총감독인 '몸통'이 힘을 못 쓰도록 하는 것이었다. 그렇게만 된다면 저들은 지리멸렬해 오합지졸 그 자체가 될 것이 분명했다. 내가 보기에 그들은 '몸통'이 하라는 대로 하는 사람들이었다. 그러나 '몸통'은 회의 때 가끔 내게 욕을 하는 것 외엔 명확한

범법행위를 하지 않았다. 언제나 여유를 부려가며 전문가처럼 내게 훈계를 일삼았다.

2016년 9월 22일, 수원지법에 행동대장 감사를 채무자(피고)로 한 '회장직무집행방해금지 가처분 신청서'를 제출했다. 재판부에 내가 구한 것은 세 가지였다. 첫째, 행동대장인 감사가 회의 사회를 보는 나에게 회장이 아니라 "어이, 남씨"라고 하며 비하하지 못하게 하는 것, 둘째, 발언할 때 핸드마이크를 쓰거나 사이렌을 울려 회의 진행을 방해하지 못하게 하는 것, 셋째, 회장 남기업이 해임 사유가 있다고 공격하거나 회의를 소집하지 못하도록 하는 것이었다.

이에 대해 채무자(피고)인 감사도 서류(준비서면)를 법원에 제출했다. 물론 그 서류는 법률 지식이 있는 관리소장이 작성해준 것이었다. 서류에서 그는 이렇게 말했다. "감사인 나는 주어진 업무를 성실히 수행했고, 오히려 회장이 자기 마음대로 회의를 운영하려는 것 때문에 동대표들로부터 비판을 받았음은 물론 갈등이 빚어졌다. 나는 이것을 바로잡아주는 차원에서 핸드마이크를 사용한 것이다." 또 그 서류에는 회장 남기업이 회의 중 핸드폰 문자를 보내는 등 불성실하게 회의를 운영해 동대표들에게 주의를 받기도 했다는 내용도 들어 있었다. 거짓말로 일관된 서류를 읽는 것만으로도 화가 치밀어올랐다. 재판에 출석한 감사는 말을 더듬으며 위와 같은 내용의 거짓말과 나에 대한 비난을 마치 사실처럼 진술했다.

재판 결과 내가 신청한 내용의 80퍼센트 정도가 인용되었다. 판사는 앞으로 핸드마이크를 사용하거나 회장 해임 안건을 제출하면 건당 20만 원씩 간접강제금을 지급하라는 판결을 내렸다. 그러나 나를 "어이, 남씨"라고 부르지 못하게 해달라는 것은 기각되었다. 판사에게 그런 것까지 판결을 요구한 것이 지나칠지 모른다고 생각할 수 있지만, '남씨'는 회의 때 나를 비아냥대는 수많은 말 중 하나였을 뿐이다.

재판 결과가 이렇게 나자 나에 대한 감사의 괴롭힘 정도는 확실히 줄어들었다. 소송비용을 행동대장인 감사가 부담하도록 결정된 것도 그를 묶어둔 이유가 되었을 것이다. 그 이후론 적어도 내게 호통을 치거나 취조하는 듯한 추궁은 하지 않았다. 그런데 그는 '남씨'라는 호칭은 판사가 써도 된다고 했으니 앞으로도 계속 쓰겠다고 했다. 포기를 모르는 사람이었다. 나는 그를 완전히 주저앉힐 심산으로 형사고소를 결심했다.

고소 내용은 회장의 회의 진행에 대한 '업무방해'였다. 회의 때 핸드 마이크 확성기를 사용하고 사이렌을 울린 것은 회장에 대한 업무방해이니 처벌해달라는 고소장을 수원지검에 제출했다. 보통 검찰에 고소장을 제출해도 수사는 관할 경찰서가 진행하는데 희한하게도 이 사건은 검사가 직접 수사를 했다. 수사 결과 담당 검사는 '행동대장'에게 벌금 50만 원의 기소처분을 내렸다.

그러나 그는 검사처분에 불복해 정식재판을 청구했고, 결국 형사재판이 열렸다. 그는 무죄 판결을 받고 싶어서였는지 변호사까지 선임해 재판에 임했다. 담당 검사가 나를 증인으로 신청해서 피고인인 그와 나는 법정에서 만나게 되었다. 나는 증인선서를 하고 검사와 변호사가 번갈아 하는 질문에 성실히 답변했다. 피고인의 변호사는 내게 문제가 많다는 식으로 질문을 유도했지만 끝까지 내 입장을 견지하며 답변했다.

아파트 민주주의

물론 피고인인 그에게도 같은 방식의 질문과 답변의 시간이 주어졌다. 그는 시종일관 나의 회의 진행이 미숙해서 벌어진 일이라고 변명했다. "핸드마이크를 들고온 것도 회의장이 너무 시끄러워 자신의 발언을 다른 사람이 들을 수 없었기 때문이고, 사이렌을 울린 것은 핸드마이크 조작 미숙으로 발생한 일"이라고 항변했다. 고의가 아니었다는 것이다.

고개 숙인 '행동대장'

증인인 나와 피고인인 감사의 상반된 진술을 듣고 있던 판사는 회의 녹음파일을 재생해 들어보자고 제안했다. 조용하고 엄숙한 법정에서 난장판이었던 회의 녹음파일이 재생되었다. 회의 때 오갔던 고성, 듣기 민망한 욕설, 사이렌 소리가 그대로 흘러나왔다. 거기에는 내가 감사에게 "감사님이 발언할 때 다 조용히 듣고 있으니 제발 핸드마이크 확성기를 끄고 발언해주세요"라고 요청하는 목소리와, 그에 아랑곳하지 않고 확성기에 대고 말하는 그의 소리가 들렸다. 회의장이 소란해서 핸드마이크로 발언했다는 진술이 거짓이었음이 드러난 것이다. 또 핸드마이크 작동 미숙으로 사이렌 소리가 났다고 진술했지만 내가 발언할 때마다 사이렌 소리가, 어떤 때는 1분 이상 났다는 것도 확인되었다.

사이렌 소리를 낸 것이 실수가 아니라 고의였다는 것이 명백하게 드러났다. 이 녹음파일이 재생되는 내내 행동대장은 고개를 푹 숙이고 있었다.

　감사는 결국 전과자가 되었다. 그 후 그는 전의를 상실했는지 회의 때 나를 거의 괴롭히지 않았다. 가끔 내게 핀잔 주는 말을 하긴 했지만 그 정도는 애교로 봐줄 수 있었다.

　나는 여기서 멈추지 않았다. 그동안 그가 내게 가한 언어적 정신적 폭력에 대한 대가를 치르게 해주고 싶었다. 나는 나뿐만 아니라 아내와 우리 아이들을 원고로, 그를 피고로 지정해 손해배상을 청구했다. 청구서에는 우리 가족 전체가 1년 반 동안 받은 고통의 내용을 상세히 기록했다. 불면증에 시달리다 결국 병원에 갔다 왔다는 진단서도 증거로 제출했다.

　법원의 소송 서류를 받아든 그는 아주 절박한 목소리로 내게 전화를 해왔다.

행동대장,
감사 주저앉히기 작전 2

내가 집요하게 행동대장 감사를 상대로 손해배상소송을 청구한 데에는 두 가지 이유가 있다. 하나는 입주자대표회의에 더 이상 저질 동대표가 들어오기 어렵게 만들기 위함이었다. 아파트 공동체에는 전혀 관심이 없으면서 그저 5만 원의 회의비를 받기 위해 동대표가 되고, 뒷돈을 챙기려고 파당을 지어 상식적인 동대표를 괴롭히는 우리 아파트의 오랜 관행과 악습을 끊어버리고 싶었다.

또 다른 이유는 복수였다. 더도 말고 덜도 말고 내가 당한 만큼 돌려주고 싶었다.

다급한 목소리로 걸려온 전화

　손해배상소송 서류를 제출하고 며칠 지나 행동대장 감사가 다급한 목소리로 전화를 해왔다. 핸드폰에서 그의 이름을 보는 순간 가슴이 벌렁거리고 심장 박동수가 급증했다. 받을까 말까 고민하다가 '통화'를 눌렀다. 무슨 일로 전화했느냐고 쏘아붙이듯 말하니 긴히 할 말이 있으니 만나자고 하는 게 아닌가. 핸드폰 너머로 들려오는 그의 목소리에는 절박함이 묻어났다.

　며칠 후 집 근처 카페에서 그를 만났다. 초췌한 얼굴을 하고 나타난 그는 만나자마자 지난 1년 반 넘게 나를 괴롭혀서 정말 미안하다고 하며 머리를 조아렸다. 그는 다음과 같이 말했다.

　"법원에서 날아온 손해배상 서류를 받고 나서 잠을 잘 수가 없었다. 정신이 하도 없어서 어떤 때는 택시 운전을 하다가 사람을 칠 뻔하기도 했다. 사실 회의 때마다 남 회장을 괴롭힌 자료와 해임 관련 자료들은 모두 관리사무소에서 작성해 제공해준 것이다. 내가 무슨 실력이 있어 감사보고서를 쓰고 해임요청서를 쓰겠냐. 정말 미안하다. 어떻게 무슨 말로 사과를 해야 할지 모르겠다."

　개인택시를 운전하던 그는 잠도 못 자고 걱정을 많이 해서인지 얼굴이 핼쑥하고 눈은 퀭해 보였다. 사실 그는 나를 괴롭힐 이유가 하나도 없는 사람이었다. 우리 아파트에서 네 번이나 회장을 했던, 직업이 동대표인 '몸통'이야 나를 몰아낼 이유가 분명했지만 내가 보기에도 그는 이용만 당한 사람처럼 보였다. '몸통'과 관리소장이 감사에게 잘한다고 부추기며 비행기를 태워주니 완장 찬 그는 신나서 나를 짓밟았을 것이다. 물론 그 사람 내면의 악마성도 작동했을 것이리라.

막상 정중한 사과를 받으니 분노의 감정은 누그러지고 어느새 측은한 마음마저 들었다. 하지만 나는 이 '과도한' 측은지심을 억누르고 다음과 같이 단호하게 따졌다.

"당신이 회의 때마다 가한 언어적 폭력과 세 번에 걸친 해임투표로 인해 내가 얼마나 고통스러웠는지 아는가? 회의 며칠 전부터 불면에 시달린 걸 당신은 아는가? 내게 가한 욕설과 야유와 비난이 그대로 비수가 되어 내 가슴에 꽂혔다는 걸 당신은 아는가? 미친 사람이 아니고서 어떻게 그렇게 할 수가 있나!"

이렇게 정색하고 따졌더니 미안하다는 말밖에 할 말이 없다고 하면서 계속 고개를 숙였다.

시간이 어느 정도 흐른 후 나는 그에게 미리 준비한 한 가지 제안을 했다. 감사와 동대표직을 동시에 사임한 후 만나서 법원에 청구한 손해배상소송을 어떻게 처리할지 의논하자고. 사임하면 소송을 취하할 생각이 있지만, 만약 사임하지 않으면 손해배상소송과 그밖에 준비한 것을 진행하겠다고 협박(?)도 했다. 내 제안을 들은 그는 바로 다음날 관리사무소에 사임계를 제출할 테니 며칠 후 다시 만나자고 했다.

약속을 지키지 않은 감사

그러나 그는 결국 약속을 지키지 않았다. 자기 일생에서 가장 후회되는 선택이 동대표 선거에 출마한 것이라고까지 내게 말했음에도 불구하고 그는 사임 약속을 끝내 지키지 않았다. 만약 그가 사임하면 소송을 취하해주며 그동안의 잘못에 대한 사과문을 써서 공고하라고 할 계획이었는데, 아쉽게도 이 작전은 불발로 끝났다.

그가 사임하지 않은 이유는 아마도 화술이 좋기로 소문난 '몸통'의 꼬임에 넘어갔기 때문일 것이다. 몸통은 아마도 "당신이 동대표직과 감사직을 사임하면 남기업이 당신에게 손해배상소송 취하를 무기로 무슨 요구를 할지 모른다"는 말로 설득했을 것이다. '몸통' 입장에서는 행동대장인 감사가 꼭 필요했다. 그의 오른팔이었던 관리소장도 전과자가 되어 아파트에서 쫓겨났는데, 왼팔인 감사마저 빠져나가면 조직이 와르르 무너질 수 있기 때문이다. 약속을 지키지 않은 감사에게 나는 다음과 같은 문자를 보냈다.

"감사님, 어제 관리소장에게 확인하니 사임을 안 하셨더군요. 사임 안 할지도 모르겠다 싶었는데 이렇게 현실이 되니 좀 아쉽습니다. 아마도 저에 대한 신뢰가 부족한 탓이 컸겠죠? 저는 나름대로 신뢰를 드린다고 했는데… 잘 알겠습니다. 그럼 저는 지금까지 준비하고 계획한 것들을 하나하나 실행에 옮기겠습니다. 운전 조심하십시오."

나는 이 소송을 법무법인 〈에셀〉의 오재욱 변호사에게 의뢰했다. 그는 내가 아파트 회장 일로 어려움을 겪기 시작한 처음부터 법률 자문은 물론 직접 사건을 맡아 승리로 이끈 변호사였다.

재판 시작 후 회의에서 만난 감사는 내 눈을 피했고 발언도 거의 하지 않았다. 얼굴은 어둡고 침울해 보였다.

재판 결과는 '원고 패소'

민사재판의 특징은 시간이 오래 걸린다는 것이다. 게다가 중간에 재판부가 바뀌어 손해배상소송의 재판 진행은 더 늦어졌다. 임기가 끝난 감사는 일반 입주민 자격으로 변호사와 함께 법원에 출석했다.

그런데 재판 결과는 '원고 패소'였다. 소액재판인 까닭에 주문 이유도 없었다. 억울했다. 재판비용도 내가 물어야 했다. 오재욱 변호사도 재판 결과를 이해하기 힘들다고 했다. 특히 형사재판에서 유죄판결을 받았고, 정신적 스트레스로 인한 병원 진단서도 첨부했기 때문에 이런 경우 '원고 일부 승소'가 나오는 게 일반적인데, 아마도 주문 사유서를 쓰지 않는 재판이라 판사가 제출서류를 제대로 검토도 하지 않고 내린 판결로 보인다고 했다.

나는 바로 항소했다. 그런데 항소장을 제출한 직후 같은 아파트에서 다른 동으로 이사했다는 주소변경신고를 법원에 제출하는 걸 깜빡하고 말았다. 법원에서 재판 관련 서류가 한 장도 날라오지 않기에 기다리다 못해 확인해 보니 '폐문부재 3회'로 재판은 이미 종결되어 있었다. 너무 아쉬웠다. 정말이지 뼈아픈 실수였다.

행동대장 감사는 가슴을 쓸어내렸을 것이다. 그러나 민사재판과 형사재판과 고소로 1년 넘게 고생하며 시달린 그는 주위 사람들에게 "아파트 관리사무소 쪽으로는 오줌 누기도 싫다!"고 했다고 한다. 잠도 못자고 정신이 멍해서 운전하는 것도 힘들었다고 하니 맘고생이 상당했을 것이다. 아쉽지만 내 실수로 인해 그에 대한 보복 작전은 여기서 종결할 수밖에 없었다.

그러면 우리 아파트 적폐세력의 몸통은 대체 어떻게 활동하기에 직업이 동대표가 되었을까?

직업이 동대표인
그가 사는 법

그를 처음 알게 된 건 2015년 9월 아파트 동대표 선거에서였다. 당시 나는 지인과 동서의 권유로 동대표에 출마했는데, 입주자대표회의 회장을 네 번이나 한 당시 회장이던 그도 자기가 사는 동의 동대표로 출마했다. 그와 나는 단독출마가 아니라 두 명이 출마한 상태에서 선거를 치렀다.

나도 그도 당선이 되었는데, 공교롭게도 그의 상대는 내 동서였다. 그는 25표, 동서는 23표, 2표 차로 그가 당선되었다. 투개표 부정을 의심했던 동서는 나에게 그가 우리 아파트 적폐의 몸통이니 조심해야 한다고 일러주었다.

동대표 선거를 마치고 곧바로 치러진 입주자대표회의 회장 선거에서 그와 내가 맞붙었다. 나는 신출내기고 그는 벌써 회장만 네 번 한 거물, 그러니까 아파트에서 알 만한 사람은 다 아는 '유명한' 사람이었다. 그런데 파란이 일어났다. 선거운동을 전혀 하지 않았는데 내가 38표 차로 이긴 것이다.

그러나 나는 이름뿐인 입주자대표회의 회장이었다. 앞서 말했던 것처럼 동대표 15명 중 10명이 '몸통'과 함께 전 기수에서 동대표 활동을 한 사람들이었고, 그들은 '몸통'을 중심으로 똘똘 뭉쳐 있었다. 관리사무소 소장을 비롯해 직원들과 경비원 및 미화원 들, 그러니까 40명에 가까운 유급직원들 역시 모두 그의 영향 아래 있었다. 그가 실질적인 임면권자였기 때문이다. 아파트는 그의 왕국이나 다름없었다. 아니, 왕국이 아니라 제국이 더 적합한 말일지도 모른다. 아무튼 2년 동안 회장인 나를 내쫓기 위한 작전의 총감독이 바로 그였다.

그는 직업이 동대표였다. 회장 출마 당시 경매업 종사자라고 자신을 소개했지만, 그건 '무직'이라고 할 수 없어서 써놓은 것으로 보였다. 입주민들의 말에 따르면 그는 항상 관리사무소에 출근한다고 한다. 아침 먹고 근처 헬스장에서 운동하고 10시쯤 관리사무소에 방문해 직원이 타주는 커피를 마셨을 것이다. 나를 만났을 때 그랬던 것처럼 재산 자랑을 곁들여 이런저런 이야기를 늘어놓으면 관리사무소 직원들이 장단을 맞췄을 것이다.

게다가 그는 관리사무소에 '집무실'도 만들어놓았는데, 거기서 공사업자 등 다양한 사람들을 만났을 것이다. 그렇다면 그는 어디서 어떤 방법으로 돈을 버는 것일까? 서민 아파트에 살면서 유지비가 많이 드는 대형 세단을 굴리고 요지에 땅까지 사놓으면서 말이다.

수상한 승강기 유지보수업체 선정

2016년 8월에 실시한 수원시 감사에서 그가 불법으로 업무추진비를 받아간 사실이 드러났다. 무려 26개월 동안 매월 정기적으로 아파트 관리비를 도둑질해간 것이다. 우리 아파트의 관리규약에는 회장의 직책수당을 25만 원으로 정해놓았고 별도의 업무추진비 항목은 존재하지 않는다. 그도 그럴 것이 회장이 별도로 추진할 업무가 없기 때문이다. 입주자대표회의에서 의결해 결정한 업무를 관리사무소의 소장 이하 직원들이 추진하면 된다.

더욱 황당한 건 그가 일반 입주민이었을 당시, 즉 회장에 당선되기 전 두 달 동안의 업무추진비도 챙겨갔다는 사실이다. 그가 도둑질해간 780만 원의 관리비를 회수하기 위해 두 번이나 회수 요청서를 보냈지만 그는 일절 응하지 않았다. 결국 입주자대표회의는 그를 횡령 혐의로 고발했고 그는 검찰의 기소처분을 받게 되었다. 지금은 그를 피고로 손해배상 재판을 청구한 상태다.

그러나 이 정도는 약과다. 그는 2015년 자신이 회장이었을 당시 우리 아파트에 손해가 되는 방식으로 승강기 보수 방법을 변경시켰다. 승강기의 유지보수 방식은 두 가지로 나뉜다. 하나는 단순유지보수계약(이하 '단순')이고 또 하나는 종합유지보수계약(이하 '종합')이다. '단순'은 일상 차원의 유지보수계약으로서 정기검사비와 부품교체비용을 아파트가 부담하고, '종합'은 부품교체비용 일체를 업체가 부담하는 방식이다.

아파트 입장에서는 승강기를 교체한 지 5년이 넘지 않으면 '단순'이

유리하고, 5년이 넘어가면 '종합'이 유리하다는 것이 일반적이다. 새 승강기는 고칠 게 별로 없기 때문이다. 반면 5년이 넘어가면 수리와 부품 교체가 잦기 때문에 모든 교체 부품 비용을 업체가 부담하는 방식으로 가는 게 아파트의 비용 부담을 줄일 수 있다.

그런데 그는 회장 재직 시 3년도 채 안 된 승강기의 유지보수계약 방식을 '단순'에서 비용이 세 배나 더 들어가는 '종합'으로 변경 의결했다. 이에 대해서는 관련 업체도 3년 정도 지난 상태에서 '단순'에서 '종합'으로 변경하는 사례도 있고 그것이 꼭 손해는 아니라고 하니 이해해 줄 구석이 있다고 치자.

그런데 더 의심이 가는 건 기존 업체의 만기가 2016년 2월까지인데, 무려 6개월이나 앞당긴 2015년 8월에 새 업체를 선정했다는 점이다. 새로운 업체 선정은 보통 계약 만료 한두 달 전에 하는데 6개월이나 먼저 선정한 이유는 무엇일까? 새로운 업체를 선정해야 하는 2015년 연말에는 자신의 회장 임기가 끝나고, 다시 회장이 못 될 가능성도 있기 때문으로밖에 이해되지 않는다.

그리고 가장 이상한 점은 교체하는 부품 일체를 업체가 부담하는 '종합' 계약인데, 승강기의 핵심 부품인 쉬브와 로프 교체 비용을 아파트가 부담하는 것으로 계약했다는 점이다. 관련 업계 종사자들에게 물어봐도 이해하기 어렵다고 했다. 냄새가 풀풀 나는 계약이라는 것이다.

알뜰시장 업체 입찰 과정에도 불법이

우리 아파트의 예년 알뜰시장 업체 낙찰가는 8천만 원 정도였다. 쉽게 말해 낙찰업체는 해마다 8천만 원을 우리 아파트에 내고 먹거리 장사와 1차 상품 및 공산품을 판매하는 것이다. 그런데 내가 회장이었던 2016년에는 8천만 원 하던 낙찰가가 2600만 원으로 폭락했다. 왜일까?

2016년 4월 20일은 알뜰시장 업체를 전자입찰 최고가로 결정하는 날이었다. 정상적으로 입찰이 이루어졌으므로 인터넷상에서 최고가를 쓴 업체가 뜨면 입주자대표회의는 그 업체를 선정하는 의결을 하면 되는 일이다.

그런데 회의 도중에 갑자기 관리소장이 "회의 30분 전에 수원시로부터 입찰 관련 민원이 들어왔다고 전화가 왔기 때문에 유찰시켜야 한다"고 말했다. 당시 나는 민원 내용이 유찰 사유가 되는지도 잘 몰랐다. 그런데 수상하게도 '몸통' 역시 수원시가 유찰 사유라고 했으니 유찰시키고 다시 입찰해야 한다고 주장했다.

뭔가 찜찜했다. 그러나 수원시가 유찰 사유 성격의 민원이 들어왔다고 전화로 통지했고, 또 다른 동대표들도 유찰시켜야 한다고 소리를 질러대니 표결을 거칠 수밖에 없었다. 결과는 역시 압도적 다수를 차지한 저들이 원하는 대로 의결되었다. 게다가 저들은 인터넷상에서 업체가 선정되는 일반 경쟁입찰이 아니라 동대표들이 직접 점수를 부여해 업체를 선정하는 적격심사제로 바꾸는 것도 제안해 의결했다.

하도 이상해서 다음날 수원시 담당 공무원에게 전화를 해서 물어보니 전화를 한 건 맞지만 다른 이유로 전화를 했다고 하는 게 아닌가! 미리 낙찰결과를 확인한 소장이 자신들이 원하는 업체가 선정되지 않자 거짓말로 유찰시킨 게 분명했다.

하지만 철저히 소수였던 나는 어떻게 해볼 방도가 없었다. 이런 과정을 통해 저들이 원한 기존 업체가 선정되었고, 낙찰가는 8천만 원에서 2600만 원으로 떨어졌다. 그렇다면 5천만 원 상당의 차액은 대체 누가 차지했을까?

그 외에도 의심 가는 부분이 상당했다. 심지어 그는 자신이 일반 입주민일 때 입주자대표회의와는 별도로 조직한 모임의 운영 경비를 관리비에서 빼가기도 했다. 또 그가 회장일 때는 동대표 운영비로 2천만 원 이상을 불법적으로 사용했다.

의심이 가고 확인된 것만 이 정도다. 이 외에도 합법의 외피를 둘렀지만 내용상으로는 불법인 입찰과 거래가 상당할 것이다. 입주민들의 증언에 따르면, 업체 사장에게 전화해 술값을 계산하게 한 일도 수차례 있었다고 한다. 어쨌든 그가 아파트에서 불법적으로 가져간 돈은 입주민에게는 명백한 손해다. 그의 이익과 입주민의 손해는 정확히 일치한다.

그런데 어느 날, 아파트의 돈을 함부로 불법적으로 사용해온 그 '몸통'이, 나를 회장에서 쫓아내기 위한 작전의 총감독이었던 그가 결국 동대표에서 쫓겨나는 일이 벌어졌다.

몸통,
동대표에서 해임당하다

'몸통'은 뻔뻔했다. 도무지 부끄러워할 줄을 몰랐다. 우리 아파트 입주민 1/3인 550여 명의 서명 요청으로 진행된 수원시 감사 결과에서 그의 관리비 도둑질에 관한 객관적 자료가 드러났음에도 그는 조금도 위축되지 않았다. 회의 시간에 가끔 내게 쌍욕을 내뱉는 것도, 나를 엄청난 잘못을 저지른 사람 취급하며 주민들을 선동하는 것도 여전했다.

그러나 나를 괴롭히는 데 앞장섰던 자들은 행동대장인 감사와 관리소장 및 다른 동대표들이었다. 그의 입심과 용인술이 대단한 건지, 그 말에 넘어가는 동대표들과 관리소장이 모자란 것인지 참으로 알 수 없는 일이었다.

그런 그가 결국 동대표에서 해임되는 일이 벌어졌다. 2017년 9월, 임기가 불과 한 달밖에 안 남았을 때 일어난 일이다. 당시는 그의 오른팔인 관리소장이 전과자가 되어 쫓겨나고, 행동대장인 감사도 나를 괴롭힌 일로 전과자가 되어 회의 시간에 전의를 상실한 채 쥐죽은 듯 조용히 있을 때였다. 사실상 그의 손발이 다 잘린 상태였다. 더구나 선거관리위원회 위원장을 비롯한 위원 일곱 명도 상식적인 사람들로 교체되었다.

이런 객관적 조건이 갖춰질 때까지 기다렸던 '몸통'의 선거구에 사는 한 입주민이 그 동 주민 1/10의 서명을 받은 해임동의서를 선거관리위원회에 제출했다. 선거관리위원회는 해임동의서가 들어오고 해임 사유가 타당하면 해임투표를 진행해야 한다.

해임 주도자가 제시한 해임 사유는 네 가지였는데, 그중 두 가지가 나와 관련 있는 것이었다. 첫째는 현 회장 남기업의 사회권을 박탈한 후 불법적으로 회의를 진행한 것, 둘째는 업무추진비 1천만 원 이상을 관리비에서 도둑질해간 것, 셋째는 그가 회장 재임 시 8400만 원을 불법적으로 수의 계약한 것, 마지막으로는 현 회장 남기업에 대한 세 차례의 불법적 해임투표 가담과 거기에 경비원을 동원한 것, 이렇게 총 네 가지였다. 그 정의로운 입주민은 아마도 '몸통' 같은 사람은 임기를 채우게 할 것이 아니라 '해임'이라는 불명예를 안겨주어야 한다고 생각했던 것 같다.

'부결'을 예상했으나

2017년 9월 21일, 해임투표의 날이 밝았다. 만감이 교차했다. 나를 쫓아내려 했던 사람이 쫓겨나게 생겼으니 말이다. 해임투표는 아침 7시부터 진행되었는데, 출근할 때 보니 해임 대상자인 '몸통'은 투표를 시작할 때부터 해임투표 장소에 와서 씩씩거리며 왔다 갔다 하고 있었다. 그는 지나가던 내게 큰 소리로 "어이~ 남기업 씨, 당신이 뒤에서 작업한 거 다 알아, 이리 와!" 하고 고함을 쳤다.

다가가서 '해임투표는 나와 무관하게 진행되는 거다, 당신은 지금 벌 받고 있는 거다'라고 대거리를 해주고 싶었지만, 나보다 훨씬 키가 크고 덩치도 산만한 그가 부르니 괜히 말싸움하다가 두들겨 맞기라도 할까 겁이 났다. 나는 한마디 대꾸도 하지 않고 못 들은 체하며 빠르게 발걸음을 옮겼다.

나중에 들어보니 그는 선거관리위원장에게 시비를 걸며 폭력을 행사했고, 해임투표를 진행하는 선관위 업무도 방해했다고 한다. 그런 분위기 속에서 주민들이 해임투표에 참여하기는 쉽지 않았을 것이다.

때문에 나는 부결될 것으로 예상했다. 왜냐면 동대표 해임은 선거구 주민의 과반수가 참여하고 참여자 중 과반수가 찬성해야 가능했기 때문이다. '몸통'이 아무리 나쁜 짓을 했다 해도 임기가 한 달밖에 안 남은 자를 자르는 일에 많은 사람들이 표를 던지러 나올 것 같지는 않았다.

사람들은 기본적으로 누군가를 뽑는 일에는 나와서 의사표시를 하더라도 누구를 자르는 데까지 나와 표를 던지지는 않으려는 경향이 있다. 더구나 '몸통'이 투표장에 나와 공포 분위기를 조성하고 있는데 거기까지 와서 투표하기란 매우 힘들 것이라고 생각했다. 투표 참여율 저조로 해임에 성공하지 못하리라 예상한 것이다.

그러나 투표결과는 놀라웠다. 하루밖에 진행하지 않았는데(남기업 회장 해임투표는 무려 일주일을 진행했다) 90세대 중 62세대가 참여했고, 42세대가 찬성한 게 아닌가. 마침내 그가 해임된 것이다. 아니 입주민들에 의해 쫓겨났다고 하는 것이 더 정확한 표현일 것이다. 통쾌했다.

98.6퍼센트가 찬성하다

그뿐 아니었다. 두 번째 회장이 된 이후 나는 신상필벌 차원에서 그가 도둑질해간 관리비를 회수하기 위해 손해배상소송을 진행하려 했다. 그러나 관리규약은 입주자대표회의가 소송을 남발하지 못하게 할 목적으로 주민 과반수의 동의를 받아야 소송을 진행할 수 있다고 명기하고 있었기 때문에 주민동의를 거쳐야만 했다.

입주민의 과반수 찬성을 얻을 자신이 없었다. 왠지 입주민들이 '뭘 소송까지 하느냐, 지겹다, 소송 좀 그만해라!'라고 생각할 것 같았다.

그런데 뚜껑을 열어보니 예상과 전혀 달랐다. 1680세대 중 1239세대가 동의서를 제출했는데(참여율 73.8퍼센트), 그중 1222세대가 찬성했고 반대는 겨우 14세대, 기권은 3세대였다. 찬성률이 무려 98.6퍼센트였다. 참여율도 놀라웠지만 찬성률은 정말 기록감이었다. 우리 아파트 역사상 전무후무한 일이었다.

적폐세력,
와르르 무너지다

그렇게 강고해 보이던 적폐세력이 무너지기 시작하는 걸 눈으로 확인한 건 2017년 1월 20일 정기회의였다. '몸통'의 오른팔인 관리소장이 유죄판결을 앞두고 있었고 왼팔인 행동대장 감사도 유죄판결로 의기소침해진 상태에서 열린 이 날의 정기회의에서 이들은 손발이 안 맞는 모습을 처음으로 보였다.

  그 회의에서 가장 중요한 안건은 '수원시 공동주택관리 보조금 지원사업의 건'이었다. 이들은 이 안건을 통과시켜 수원시 보조금을 받아 우리 아파트의 아스팔트 전체를 새로 깔고 싶어했다. 수원시의 보조가 있지만 우리 아파트의 관리비가 최소 2억 원 이상 들어가는 큰 공사였기 때문에 나는 이 안건을 부결시키고 싶었다. 물론 지은 지 30년이 다 되고 지하 주차장이 없는 우리 아파트의 아스팔트가 낡고 파인 곳이 꽤 되는 건 사실이었다. 하지만 공사를 하더라도 부분 보수만 해도 되는데 저들은 전면 공사를 원했고, 더구나 공사를 진행하면 공사비 산정과 업체 선정을 둘러싸고 비리가 발생할 가능성이 높았다.

그러나 막을 방법이 없었다. 그 공사를 반대하는 사람은 회장인 나밖에 없었기 때문이다. 나를 제외한 전원이 그 공사를 '간절히' 원했다.

'개인행동'을 한 행동대장 감사

드디어 회의가 열렸다. 나는 체념 상태에서 회의를 진행했다. 처음 회의에 참석한 인원은 열 명이었다. 평범한 안건을 처리하는 동안 두 명이 일이 있다며 도중에 집으로 가버렸다. 여덟 명으로 마지막 안건인 아스팔트 공사 건을 다루었지만, 의결정족수가 일곱 명이었기 때문에 저들이 모두 찬성하면 의결은 문제없었다.

안건 토론에서 나는 반대 의견을 강력하게 피력했다. 그러나 저들은 그런 말 듣고 싶지 않으니 빨리 표결에 부치자며 언성을 높였다. 어쩔 수 없이 표결에 들어갔다. 반대하는 동대표는 손을 들라고 하니 나만 손을 들었다. 그런데 찬성엔 여섯 명만 손을 드는 게 아닌가? 행동대장 감사가 기권을 표한 것이다. "난, 기권할래. 통과시키면 뭐해, 남기업이가 못하게 막는대"라며.

행동대장 감사가 갑자기 '개인행동'을 한 것이다. 사실 이런 안건을 통과시키기 위해서는 사전에 입을 맞추고 행동방침을 정한 다음 회의장에 들어와야 한다. 그런데 어찌된 영문인지 이날은 그야말로 오합지

졸이었다.

나는 신속하게 "표결결과 반대 1, 찬성 6, 기권 1로 의결정족수 부족으로 부결되었음을 선포합니다" 하며 의사봉을 기분 좋게 두들겼다. '몸통'은 흥분해 다시 의결하자고 핏대를 올렸지만 나는 그럴 수 없다고 선을 긋고 바로 회의 종료를 선언했다.

그러나 집요한 몸통은 거기서 멈출 위인이 아니었다. 며칠 후 아스팔트 공사 안건 재상정을 담은 '임시회의 개최 요구서'를 자신을 맹종하는 동대표들의 서명을 받아 보내왔다. 관리규약은 동대표 1/3이 임시회의를 요청하면 회장은 회의를 개최해야 한다고 명시하고 있다. 어떻게 해서든 안건을 재상정해 아스팔트 공사를 통과시키고 싶었던 것이다.

하지만 나는 안건 재상정을 거부하는 다음과 같은 문서를 그에게 보냈다.

"의결된 사항의 안건 재상정은 가능합니다. 그러나 재상정하려면 의결 당시와 현재 상황에 중대한 변화가 있거나, 회의에 참여한 동대표들이 회의 당시 안건 파악을 전혀 하지 못했다는 객관적 사실이 존재했을 때나 가능한 것입니다. 그 이외의 안건 재상정은 불가능하며, 그렇게 해야만 입주자대표회가 의결한 사항의 안정성과 신뢰성이 유지될 수 있습니다."

결국 그 안건만 제외한 채 임시회의를 개최했지만 그들은 회의장에 나타나지 않았다. 자기들의 '관심 안건'이 빠졌기 때문이다. 나는 이런 방식으로 그들에게 모든 것을 문서로 답했고, 그것을 법정에서 증거로 사용했다.

자생단체 지원금 요청 안건

그러던 중 저들이 완전히 무너지는 느낌을 받은 사건이 일어났다. 아파트의 관리비를 자기들이 먹고 마시는 데 쓰고 싶었던 저들은 2017년 5월 산악회를 조직해 아파트 내 '자생단체 지원금' 요청을 회의 안건으로 상정했다. 자생단체인 산악회의 회원 목록을 보니 저들이 모두 포함되어 있었다. 입주민들의 돈으로 산에 놀러갈 심산이었다. 지원금 요청서 내역에는 심지어 '시산제 100만 원'도 포함되어 있었다. 나는 무조건 부결시키고 싶었다.

그러나 나 혼자였기 때문에 안건으로 올리면 통과될 수밖에 없었다. 관리규약에는 자생단체가 요청하면 지원할 수 있다고 되어 있기 때문이다. 그래서 나는 회장 초기부터 나를 도왔던, 관리규약에 능통한 한 입주민에게 자생단체를 지원하지 않을 근거를 찾아달라고 요청했다.

며칠 후 자생단체의 재정지원이 가능하다는 조항 마지막에 "다만, 개인의 취미생활을 목적으로 구성된 모임은 제외한다"는 단서를 찾았다고 연락이 왔다. 쾌재를 불렀다. 나는 회의에서 이 단서를 읽어주며 산악회는 취미활동 단체이니 지원 대상이 될 수 없다고 못 박아버렸다. 골프모임 자생단체가 재정지원 대상이 안 되는 것처럼 산악회도 마찬가지라고 설명했다.

저들은 아연실색했다. 규약에 그런 단서가 있는 줄 알지도 못했을 뿐 아니라 내가 그렇게까지 준비할 줄은 상상도 못했던 것이다. 이 일로 저들은 완전히 전의를 상실한 듯 보였다. 그동안 남기업을 쫓아내기 위해 불법적 해임투표를 세 번씩이나 해도, 1년 반 동안 회의 때마다 승냥이처럼 마구 물어뜯어도, 사퇴하기는커녕 오히려 자기들의 핵심 요원 둘을 전과자로 만들고, 그것도 모자라 수원시에 감사를 청구해 자기들이 저지른 불법의 상당 부분을 공개적으로 밝혀내고, 회의 때마다 반박하기 어려운 근거를 들이대며 자기들이 원하는 걸 좌절시켰으니 말이다.

두 번째 출마 결심

회장으로서 온갖 수난을 당할 때 나의 목표는 회장을 중간에 그만두지 않고 임기를 마치는 것이었다. 회의가 끝나고 집에 돌아오면 앞으로 회의가 몇 번 남았는지 셀 정도였다. 마지막 정기회의 날짜인 2017년 9월 20일을 얼마나 기다렸는지 모른다. 그런데 1년 반 정도 되니, 또 저들이 급격히 무너지는 것을 보니 마음이 흔들리기 시작했다. 회장을 한 번 더 해야겠다는 생각이 든 것이다. 그간 나를 옆에서 지켜봤던 아내는 그 힘든 걸 왜 또 하려느냐며 말렸지만, 나는 두 가지 이유로 다시 회장을 하고 싶어졌다.

무엇보다 이렇게 끝내면 평생 한이 될 것 같았다. 2년 동안 내가 한 것은 고작 저들이 하려던 것 중 불법이 명백한 몇 가지를 못하게 막은 것뿐이었다. 내가 하고 싶은 것은 저들이 무조건 반대했다. 아파트라는 작은 단위를 변화시켜보는 경험, 말로만 듣던 '아파트' 민주주의를 경험하고 싶은 마음이 점점 커졌다.

나를 괴롭히던 동대표들이 중임제한에 걸린 것도 하나의 이유였다. 한 사람이 10년 이상 회장 자리를 독식하면 아파트는 그의 왕국이 되어버린다. 게다가 주민들도 무관심하니, 다시 말해서 감시의 눈도 없으니 불법과 비리가 생기지 않는 게 오히려 이상할 정도다. 이것을 막기 위해 정부는 아예 법으로 동대표를 두 번만 할 수 있도록 제한해놓았는데, 그들이 거기에 해당되었다.

그러나 회장직을 성공적으로 수행하려면 회장인 내게 우호적이면서 상식적인 동대표들을 먼저 섭외해야 했다. 그리고 당시 어머니를 모셔야 하는 상황이어서 동대표 선거를 치르기 전에 같은 아파트에 집을 구해 미리 이사를 해야 했다. 만약 당선된 후 이사를 하면 동대표와 회장직은 자동 상실되기 때문이다. 그런데 집을 구하기도, 괜찮은 동대표를 찾기도 쉽지 않았다.

제3부

개혁, 시동을 걸다

'저항'에서 '형성'으로
도약을 꿈꾸다

첫 번째 회장 임기에서 내가 고생한 기간은 약 1년 7개월(2015년 11월부터 2017년 5월까지)이다. 19개월 동안 나는 저들에게 열다섯 번 고소를 당했고, 내가 고소한 것이 열한 번이었으며, 형사재판에 두 번 증인으로 참석했고, 가처분소송을 세 번 했으며, 민사재판에도 원고로 두 번 참석했고, 수원시에는 열다섯 번 민원을 넣었다.

경찰과 검찰에서 수시로 조사를 받고 수원시청을 오가며 나는 행정기관과 사법기관이 어떻게 움직이는지 자연스레 알게 되었다. 그리고 고소장이나 민원서류, 준비서면 등을 쉽게 작성할 정도까지 되었다.

지리멸렬 상태에 빠진 저들 대다수가 중임제한에 걸려 다음 동대표 선거에 나올 수 없다는 걸 알게 된 나는 두 번째 회장선거 준비에 돌입했다. 이번에야말로 제대로 아파트를 바꿔보고 싶었다. 말 그대로 '저항'에서 '형성'으로 도약하고 싶었다. 그러나 '형성'에 성공하려면 함께 활동할 상식적인 동대표들이 필요했다. 나는 직접 동대표가 될 입주민들을 섭외해야 했다.

선거관리위원회 '접수'

동대표 섭외보다 더 시급한 과제는 선거관리위원회의 정상화였다. 당시까지 선관위는 저들이 장악하고 있었는데, 말도 안 되는 이유로 회장 남기업 해임투표를 진행할 수 있었던 것도, 해임투표에서 부결로 결론 났음에도 투표결과를 무효로 하고 세 번이나 해임투표를 강행할 수 있었던 것도, 호시탐탐 나의 동대표직 해임을 노릴 수 있었던 것도, 저들과 선거관리위원회가 한통속이었기 때문에 가능했다.

새로운 선거관리위원 모집일은 2017년 7월 11일이었다. 선관위 정상화를 위해 나는 평소 함께 활동하던 입주민들과 의논했다. 다행히 그들 중 일곱 명이 선관위원 모집에 원서를 제출하겠다고 했다. 그런데 놀랍게도 저쪽에서는 한 명도 지원하지 않았다.

이렇게 해서 선거관리위원회는 나에게 우호적인 사람들, 다시 말해 공동주택관리법과 관리규약이 정해놓은 주어진 절차를 정상적으로 진행할 수 있는 사람들로 구성되었다. 게다가 지난 2년 동안 내게 여러 가지 도움을 준 입주민이 선거관리위원장이 되었다.

동대표 선거 출마자 찾기

다음 과제는 함께할 상식적인 동대표를 찾는 일이었다. 2017년 9월 4일이 동대표 후보 등록일이었으니, 나는 2017년 6월부터 8월까지 꼬박 3개월 동안 동대표로 나올 만한 입주민을 찾는 작업을 했다. 19개 선거구 전체에 내가 섭외한 사람들을 출마시키고 싶었지만, 과반인 열 명만 섭외해 당선시키면 성공이라는 생각으로 임했다.

우선적인 대상은 지난 2년 동안 내게 꾸준히 응원 문자를 보내거나, 회의 참관을 하거나, 홈페이지에 우호적인 글을 올린 입주민이었다. 전화로, 때론 직접 만나 동참을 호소했지만 예상했던 대로 다들 꺼렸다. 생업이 바쁘다, 또는 그 못된놈들에게 혹시 괴롭힘을 당할까 두렵다는 등 다양한 이유를 대며 거절했다.

물론 나는 상식적인 사람들이 동대표직을 마다하면 입주자대표회의는 알량한 회의비에 목적이 있는 사람들이나 완장 차고 으스대고 싶은 사람들, 또는 관리비를 빼먹고 싶어 안달 난 나쁜 사람들이 장악하게 된다는 논리로 거듭 설득했지만 소용없는 일이었다. 군이 집에까지 와서 스트레스 받아가며 이런 일에 참여하고 싶지 않은 것이다. 그래서 나는 긍정적인 말로 설득 논리를 바꿨다.

"우리가 나라를 바꾸는 건 쉽지 않아요. 그 추운 날 몇 개월 동안 1500만 명의 시민들이 촛불을 들고나서야 겨우 대통령 한 명을 바꿀 수 있었잖아요. 직장의 변화, 이건 꿈꾸기도 어렵지요. 그런데 여기 아파트는 달라요. 우리의 생각이 바로 현실이 됩니다. 참여를 통한 변화를 경험할 수 있는 곳이 바로 여기예요. 그리고 저를 괴롭혔던 그 악귀 같은 이들은 중임제한에 걸려 더 이상 출마를 할 수가 없어요. 함께 아파트를 변화시키는 경험을 해보고 싶습니다."

이런 논리로 설득을 하니 동참자가 생기기 시작했다. 나중에 설득에 응한 동대표들에게 들어보니 '생각이 현실이 된다'는 말이 마음을 움직였다고 한다. 또 어떤 동대표는 다른 사람도 아니고 2년 동안 온갖 고생을 한 사람이 권해서 차마 거절할 수 없어 참여하게 되었다고 고백하기도 했다. 또 나에게 꾸준히 응원 문자를 보내준 한 여성 입주민은 남편을 대신 출마시키기도 했다. 그리고 꼭 함께했으면 하는 사람에게는 특별히 삼겹살 두 근을 사 들고 집으로 찾아가 설득하기도 했다. 2년 동안 수난당할 때 나를 응원했고, 뛰어난 소통능력과 균형감각을 가진 사람이어서 공을 들여 설득했는데, 결국 그는 결심해주었다.

이렇게 해서 결심한 사람이 총 다섯 명이었다. 다섯 명을 더 찾아야 했다. 이 일로 아내와 의논하던 중 나는 아파트 상가에서 인테리어 가게를 운영하는, 아들 재현이 친구의 어머니를 떠올리게 되었다. 그에게 찾아가서 자초지종을 설명하고 동대표를 할 만한 사람을 추천해달라고 했다. 내가 얼마나 고생했는지 잘 아는 그는 적극적으로 사람을 찾아서 내게 알려주었고, 나는 직접 전화하거나 찾아가 설득했다.

그런데 의외로 기다렸다는 듯이 순순히 응하는 사람이 꽤 되었다. 그리고 그들은 하나같이 내가 지난 2년 동안 말할 수 없이 고생했다는 걸 잘 알고 있었다. 이렇게 해서 나는 열 명의 동대표 선거 출마자 섭외를 완료할 수 있었다. 열아홉 명을 다 채우고 싶었지만, 더 이상 찾을 수가 없었다.

기적 같은 일

두 번째 회장이 되기 위해 마지막으로 내가 해결해야 할 과제는 이사 문제였다. 아버지가 돌아가신 후 수원으로 올라오신 어머니를 모시기 위해서는 방이 하나 더 있는, 아파트 내 다른 동으로 이사를 해야 했다. 동대표 선거 전에 이사를 마무리 지어야 했다. 동대표와 회장에 당선되더라도 동대표 선거 후 이사를 하면 동대표와 회장직이 자동상실되기 때문이다. 사정상 이사를 두 번째 회장 임기를 마치는 2년 후로 미룰 수도 없었다.

두 번째 회장에 도전해야겠다는 생각을 굳힌 게 2017년 6월 초였으니, 이사할 수 있는 기간은 석 달밖에 안 되었다. 이사 갈 집을 찾아 계약하는 일, 거주하고 있는 집을 매각하는 일, 동대표 선거 전에 이사 날짜를 잡는 일, 이 세 가지가 거의 동시에 성사되어야 했다. 시간이 너무 촉박했다.

아내와 중개사무소에 가보니 내가 이사하려는 동에 팔려고 내놓은 집이 두 채가 있긴 한데, 둘 다 10월 이후에나 이사할 수 있는 집이었다. 절망스러웠다. 회장을 한 번 더 하기 위해 어머니 모시는 걸 2년 연기할 수도 없는 노릇이었다. 그러던 중 내가 이사하려는 동에 이사를 고민하는 사람이 있다는 소식을 접하게 되었다. 그런데 알고 보니 그는 평소 아파트 일로 고생하던 내게 직접 전화까지 해서 격려해준 입주민이었다.

지체하지 않고 연락해서 그를 만났다. 어머니를 모셔야 하고, 회장에 출마하려면 9월 4일 전에 이사해야 하는 상황과 다시 회장이 되어 아파트를 바꿔보고 싶다는 내 뜻을 설명하며 중개인 없이 직접 거래하자고 제안했다. 그는 내 제안에 응했다. 이사 날짜도 최대한 나를 배려해주었고, 다른 곳보다 100-200만 원 싸게 팔기까지 했다. 회장에 다시 당선되어 아파트를 꼭 변화시켜달라고 당부하면서.

이렇게 해서 나는 동대표 선출 공고일인 9월 4일에 이사를 할 수 있었다. 돌아보면 정말 기적 같은 일이었다. 이삿날 바로 동대표 출마 원서를 선관위에 제출했다. 내가 설득한 열 명의 입주민들도 동대표 출마 원서를 제출했다.

물론 저들도 가만히 있진 않았다. 남기업 위주로 입주자대표회의가 꾸려지면 과거 자신들이 저질렀던 불법행위를 공적으로 처리할 게 뻔하다고 봤기 때문이다. 중임제한에 걸리지 않은 당시 동대표 한 명과 그들이 설득한 두 명, 그러니까 총 세 명이 적폐세력의 이름으로 동대표에 출마했다. 드디어 동대표 선거가 시작되었다.

다시 회장이 되어
개혁에 착수하다

2017년 9월, 드디어 동대표 선거의 막이 올랐다. 총 19개 선거구에서 나를 포함해 내가 설득한 사람 열한 명, 적폐세력 쪽 다섯 명, 자발적 출마자 두 명, 이렇게 열여덟 명이 출마했다. 거의 단독후보이고 두 명이 출마한 곳은 두 개 선거구뿐이었는데, 그 선거구에서 적폐세력 쪽과 내가 섭외한 사람이 맞붙었다.

특이한 점이 있다면, 내가 설득해 출마한 사람들의 평균연령은 40대 중반이었는데 반해 저쪽 출마자들의 평균연령은 70세가 넘는다는 것이었다.

새로운 선관위, 전자투표로 투표 방식을 바꾸다

투표는 전자투표로 이루어졌다. 선관위원 전원이 교체된 이후 맨 처음 결정한 것이 투개표에 부정이 개입되기 쉬운, 그래서 오해받기 쉬운 현장투표를 폐지하고 전자투표를 도입한 것이었다. 과거의 선거는 각 동 경비실에 기표소를 설치해놓고 선관위원들이 배치되어 투표를 치르는 방식이었다.

투표에 참여하는 입주민은 경비실을 방문해 주민등록증을 선관위원에게 제출하고 선거인명부에 서명한 다음 선관위원이 나눠준 투표용지를 들고 기표소에 들어가 기표한 후 투표함에 넣었다. 이 과정에서 극심한 부정이 저질러졌다.

대표적인 예가 투표 종료 시각이 임박해 선관위원이 선거인명부에 가짜로 서명한 후 투표용지에 기표해 투표함에 집어넣는 일이다. 종종 선거인명부에 서명된 수와 표의 수가 다르기도 했고, 선거인명부엔 서명한 것으로 되어 있는데 나중에 당사자에게 확인해 보면 선거에 참여하지 않은 것으로 밝혀지는 어이없는 일이 일어나기도 했다.

중앙선거관리위원회가 계획을 세워 투명하게 진행하는 국가 선거와 달리, 아파트 선거는 감시와 견제 시스템이 작동하기 쉽지 않아 투개표 부정이 흔하게 발생한다.

이런 문제 많은 투표 방식을 모바일투표로 변경하니 부정이 있을 수 없었다. 투표가 종료되면 핸드폰이 자동으로 투표결과를 알려주기 때문에 개표도 불필요했다. 우리 아파트의 선거 부정은 이렇게 바로잡을 수 있었다.

11:3:2

동대표 투표결과 나를 포함해 내가 설득한 사람 열한 명이 모두 당선되었다. 적폐세력과 경쟁한 두 개 선거구에서 우리 쪽이 승리를 거둔 것이다. 그도 그럴 것이 우리 쪽 후보는 둘 다 30대 후반이었는데 상대 후보는 70대 중반, 80대 초반이었다. 동대표의 나이가 중요하다고 할 순 없지만, 투표 당시 우리 아파트엔 70세 넘은 사람이 동대표직을 맡는 것에 대해 부정적 인식이 팽배해 있었다. 이렇게 해서 우리 쪽열한 명, 적폐세력 쪽 세 명, 자발적 출마자 두 명, 모두 열여섯 명으로입주자대표회의가 구성되었다.

연이어 회장 선거가 치러졌다. 사실 동대표 선거보다 회장 선거가더 중요하다. 왜냐하면 회장은 나라로 치면 국회의장뿐만 아니라 실질적으로 대통령의 역할도 하기 때문이다. 회장이 누가 되느냐에 따라아파트의 운영이 달라진다고 해도 과언이 아니다.

회장 후보는 두 명으로 좁혀졌다. 우리 쪽에서는 내가 회장으로 나갔고, 저쪽 출마자는 나와 함께 동대표 활동을 했던 71세 된 목사였다. 첫 회장 임기 초, 종교도 같아서 막연히 내게 우호적일 거라고 생각했는데 그는 오히려 2년 내내 저들에게 일조했다. 몸통과 그의 하수인들이 내게 쌍욕을 하고 겁박하는 장면을 그렇게 많이 목격하고도 그들에게 보조를 맞추는 것을 나는 이해하기 어려웠다. 어쨌든 그와 내가회장 선거에서 맞붙게 되었다.

선거 열기

그런데 선거기간에 갑자기 적폐세력 쪽에서 나를 비방하는 감사보고서를 게시판에 붙여놓은 게 아닌가. 감사보고서에는 내가 회장일 때 부정을 저질렀다는 사실이 적혀 있었다. 사실 무근한 감사보고서까지 등장시킨 걸 보니 나를 떨어뜨리려는 최후의 발악 같았다. 그만큼 나의 당선을 두려워한 것이다. 게다가 저들에게 적극적으로 부역했던 관리직원들이 혼자 계신 어르신들을 방문해 상대편 후보에게 표를 던지도록 유도했다는 입주민들의 전언도 있었다.

상대 후보 또한 낮에 아파트 구석구석을 다니며 열심히 선거운동을 했다. 정자에 앉아 있는 입주민에게 다가가 말을 걸며 지지를 호소하기도 하고, 경로당을 방문해 노인들에게 자신의 공약을 설명하는 열정을 보이기도 했으며, 지나가는 입주민들에게도 회장 후보 누구라며 인사를 하기도 했다.

직장에 출근해야 했던 나는 입주민들을 직접 찾아다닐 수가 없어서 웹자보를 제작해 핸드폰 번호를 알고 있는 사람들에게 문자로 전달하며 지지를 호소하며, 다른 주민들에게도 웹자보를 전달해달라고 부탁했다. 그 웹자보를 보고 직접 내게 전화한 입주민도 있었는데, 나는 그동안 내가 당했던 일, 아파트의 현실태, 그리고 회장으로서 나의 포부를 최대한 자세하고 친절하게 설명했다. 선거 열기는 이렇게 뜨겁게 달아올랐다.

다시 회장에 당선되다

결과는 '당선'이었다. 투표 마감 일시인 2017년 9월 29일 금요일 오후 6시 정각에 핸드폰을 통해 당선을 바로 확인할 수 있었다. 총 571세대가 참여한 가운데 내게 표를 던진 입주민이 368명이고, 나머지 203명은 상대 후보를 선택했다.

정말 기뻤다. 처음 회장 선거는 말 그대로 얼떨결에 회장이 뭔지도 모르고 참여했다면, 두 번째 회장 선거는 회장이 되어야 할 분명한 목표를 가지고 선거전에 뛰어들었다. 더욱 기뻤던 것은 두 명의 감사도 내가 섭외한 사람들이 모두 당선된 것이다. 감사직 선거에도 저쪽에서 73세 된 동대표를 후보로 내보냈지만, 그는 입주민들에게 선택받지 못했다.

지난 2년 동안의 고통과 모욕의 시간이 주마등처럼 스쳐 지나가면서 눈물이 났다. 선거 과정에서 도움을 준 많은 입주민들이 하나같이 이런 말을 했다. 아파트 회의 시간에 남기업이 혼자 속절없이 당하는 걸 보고 너무 안쓰럽고 미안했다고, 그래서 돕지 않을 수 없었다고.

그런데 나만 이렇게 당하는 건가 싶어 주위를 둘러보니 대한민국 아파트 입주자대표회의에서 나처럼 고생하는 동대표와 회장이 상당히 많다는 것을 알게 되었다. 한번은 그런 사람들로 구성된 모임에 참여하기도 했는데, 그들의 경험을 들어보면 대부분 죽도록 고생만 하고 아무 결실도 없이 막을 내리는 일이 허다했다. 급기야 병을 얻거나 집을 팔고 이사를 가기도 한 사례가 부지기수였다. 그만큼 나의 경우는 많은 입주자들이 지지하고 동참해주었기에 가능한 드문 사례였다.

개혁에 시동을 걸다

2017년 10월 23일, 다시 회장이 되어 첫 회의를 주재했다. 회의 내용과 분위기는 첫 임기 때와는 전혀 달랐다. 토론의 질이 높아지고 질문하는 수준도 차이가 났다.

첫 회의에서 가장 중요한 안건은 세 명의 이사를 뽑는 일이었다. 총무이사, 환경이사, 기술이사 세 명을 호선으로 뽑는 일인데, 적폐세력 중 한 명이 기술이사가 되겠다고 나섰지만 아파트 공사에 전문성이 있는 내가 섭외한 동대표가 기술이사로 선출되었다. 이사 세 명도 상식적인 사람들로 채워진 것이다. 그리고 자발적으로 출마해 당선된 두 명의 동대표들도 첫 회의 이후 자연스럽게 우리와 함께하게 되었다. 이렇게 동대표 총 열여섯 명 중 뜻을 같이하는 동대표가 열한 명에서 열세 명으로 늘었다.

합법적으로 개혁을 해나갈 수 있는 조건이 완비된 것이다. 첫 회장 임기 2년 동안 내가 한 일은 저들이 하려는 이상한 공사 중 절차적 오류가 있는 몇 개를 막은 것밖에 없었다. 그것도 피투성이가 되어가면서 말이다. 반면에 내가 하고 싶은 프로젝트는 하나도 진행할 수 없었다. 저들이 쌍수를 들고 반대했기 때문이다. 그러나 이젠 달라졌다.

경비 서비스의 질을
개선하다

첫 회장 임기 2년(2015. 10-2017. 9)이 고통과 저항의 시간이었다면, 두 번째 회장 임기(2017. 10-2019. 9)는 개혁과 형성의 기간이었다. 내가 설득한 사람들 위주로 입주자대표회의와 임원진이 꾸려진 후 처음으로 한 일은 임원 다섯 명과 우리 아파트의 현황을 파악하고 2년 동안의 개혁과제가 무엇인지 토론하고 공유하는 것이었다.

나는 이것이 두 번째 회장 임기 2년 동안의 성패를 가르는 일이라고 생각했다. 왜냐하면 회장이 아무리 중요한 역할을 한다고 해도 회장 혼자 모든 걸 다 할 수도 없거니와 그렇게 하는 건 민주주의와 거리가 멀기 때문이다. 무엇보다 나는 동대표들의 자발적 동의와 참여를 통해 새로운 마을 공동체를 만들어가고 싶었다. 또한 그들 각자가 동대표에 출마하면서 하고 싶었던 일들이 무엇인지 듣고 개혁과제에 녹여내는 작업도 꼭 해야 하는 일이었다.

임원회의 통해 개혁과제를 확정 짓다

이런 생각으로 2017년 11월 3일(금) 임원회의를 개최했다. 그 회의에서 나눌 내용을 담은 "OO아파트 19기 입주자대표회의 개혁과제"라는 제목의 일곱 장짜리 자료를 심혈을 기울여 작성했다. 임원회의에서 발제한 자료의 소제목은 다음과 같다.

'우리 아파트에 대한 총론적 이해' '19기 입주자대표회의의 방향과 운영 방안' '관리사무소 직원들의 문제점' '용역업체들의 서비스 현황 및 점검' '앞으로 2년 동안의 개혁과제' 등등. 이런 내용으로 내가 발제하고 하나하나 토론하는 시간을 가졌다. 약 3시간 동안의 발제와 토론을 통해 우리는 현황을 공유하고 각자가 2년 동안 아파트에서 하고 싶은 과제들을 나누며 개혁과제의 순서를 정했다.

제일 처음 추진한 일은 경비회사와 위탁관리회사 교체였다. 두 회사는 모두 '몸통'이 데리고온 회사였다. 입찰이라는 과정을 거쳤지만 동대표들이 주관적 점수를 부여해 업체 선정을 하는 적격심사방식을 고집했기 때문에 그들이 원하는 업체가 선정되지 않을 수 없었다. 물론 그렇게 선정된 업체라도 입주민들에게 관리와 경비 서비스를 잘했다면 교체할 필요가 없다. 문제는 그렇지 않았다는 것이다.

정당한 요청을 무시한 경비업체

당시 우리 아파트의 경비 서비스 문제는 심각했다. 2017년 9월에 치러진 동대표 선거에서 선거를 방해할 목적으로 만든 허위 내용의 공고문을 게시하지 말라고 관리소장이 경비반장에게 지시했음에도 불구하고 버젓이 공고되는 일이 벌어졌다. 당시 관리소장은 그 경비반장에 대한 징계 및 교체를 정식으로 경비업체에 요청했지만 경비업체는 어떤 답변도 하지 않았다.

그뿐 아니었다. 경비 서비스의 질이 매우 안 좋기로 소문나 있었고, 입주민들과 말다툼하기 일쑤였던 경비원, 2015년 연말 '몸통'의 지시를 받고 남기업 회장 해임 동의서를 받으러 다닌 경비원 문제도 경비회사는 제대로 처리하지 않았다. 저들의 힘이 다 빠졌을 2017년 8월말 공문을 통해 공식으로 교체 요청을 했는데도 말이다.

당시까지 우리 아파트는 유급직원들이 특정인에게만 잘 보이면 계속 근무할 수 있는 구조였다. 이들에게서 나타나는 일관된 특징은 '몸통'과 가까울수록 관리·경비·청소 서비스의 질이 나쁘다는 것이었다. 이것이 바로 적폐세력과 '몸통'이 저지른 관리 시스템 사유화의 결과였다.

그러던 어느 날 2017년 12월 초 우리 아파트의 경비원이 자살하는 끔찍한 사건이 일어났다. 억울하다고 유서까지 쓴 그 경비원의 자살 이유는 '몸통'과 가까운 문제 많은 경비원과의 갈등이었다. 이 일로 아파트 전 주민들은 충격에 휩싸였다. 중요한 것은 이 사건이 일어나기 여러 달 전 우리 아파트의 요청대로 경비회사가 처리했으면 발생하지 않을 일이었다는 점이다.

이런 일련의 사건을 접한 동대표들은 경비업체와의 계약 해지를 의결했다. 그런데 어처구니없게도 해당 경비업체가 부당하다며 법원에 소송을 제기했다. 물론 소송은 기각되었다. 계약해지 사유가 차고 넘쳤기 때문이다.

이 과정을 통해 우리는 새로운 업체를 선정했고, 경비 서비스 질이 좋지 않은, 그러면서도 특정인에게만 충성하는 경비원들을 자연스럽게 교체했다. 신기하게도 새로운 경비업체가 기존에 근무했던 경비원들을 모두 면접한 이후 문제 있다고 판단한 경비원과 우리가 문제 있다고 판단한 경비원이 일치했다. 그중에는 '몸통'의 매형도 포함되어 있었다.

퇴직금 문제

그런 와중에 골치 아픈 문제 하나가 터졌다. 계약이 해지된 경비업체의 계약기간이 1년이 되지 않았기 때문에, 정확히 1년에서 나흘 모자란 361일이었기 때문에 경비원들에게 퇴직금을 지급할 수 없게 된 것이다. 성실하게 근무하던 경비원들은 새로 선정된 경비업체에 소속되어 계속 근무하게 되었지만, 법적으로는 '퇴사 후 입사'였다. 그런데 이전 경비업체에서 근무한 일수가 1년에서 나흘 모자라 퇴직금을 받을 수 없게 된 것이다.

그들은 내게 퇴직금을 지급해달라고 호소했다. 경비원 중엔 퇴직금을 떼어먹으려고 1년이 안 된 경비원들을 자르는 나쁜 아파트와 '남 기업의 개혁'이 뭐가 다르냐고 항의하는 사람도 있었다. 퇴직금은 경 비회사가 아닌 아파트가 관리하고 있었고, 퇴직금 지급 사유가 발생 하고 지급 요건이 충족되면 아파트가 경비회사를 통해 지급하는 구조 였다.

나를 비롯한 동대표들은 어떻게든 퇴직금을 지급하고 싶었지만 방 법이 없었다. 수원시에 질의했더니 사정은 딱하지만 현행법상 퇴직금 을 지급할 수 없다고 답변했다. 만약 입주자대표회의에서 선의로 퇴직 금을 지급했는데, 입주민이 수원시에 민원을 넣으면 불법이라고 답변 해줄 수밖에 없다는 것이다.

아, 왜 날짜를 확인하지 못했을까, 후회막급이었다. 혹시나 해서 상 급 기관인 고용노동부에 질의했다. 그런데 고용노동부의 답변은 수원 시와 달랐다. 경비원의 근무기간이 1년이 안 되면 아파트가 퇴직금을 지급할 의무가 없지만, 사회적 배려 차원에서 입주자대표회의에서 의 결 후 지급하면 문제가 되지 않는다는 것이다.

이 사실을 경비원들에게 알렸더니 그들은 크게 기뻐했다. 그리고 미안해했다. 나는 관리소장에게 고용노동부에 문서로 질의하고 문서 로 답변을 받도록 했고, 긴급 임시회의를 열어 고용노동부의 답변을 근거로 퇴직금 지급을 의결했다. 사망한 경비원까지 포함해서. 물론 아파트에 큰 물의를 일으킨 직원에게는 퇴직금을 지급하지 않았다. 그 가 문제를 일으키지 않았다면 이런 일 자체가 일어나지 않을 수 있었 기 때문이다.

이렇게 새로운 경비업체가 선정되며 경비 서비스의 질은 개선되었

고, 경비원들 사이에도 자기 업무에 집중하는 분위기가 형성되기 시작
했다.

관리체계를 바로잡고
투명성을 높이다

목적 달성을 위해 여러 사람이 모여 만든 조직은 분업체계를 갖추고 있기 마련이다. 그 조직의 건강성은 결국 조직 구성원들이 각자에게 맡겨진 역할에 얼마나 충실한가, 구성원들 간의 소통은 얼마나 잘 이루어지나, 그리고 업무 충실도에 따른 적절한 보상이 이루어지느냐에 달렸다.

그런데 아파트 관리조직은 보통 이런 시스템이 잘 작동하지 않는다. 직무 충실도에 따른 보상이란 개념 자체가 없는 경우가 허다하다. 이런 까닭에 아파트 유급직원들의 이직률은 높고 직장에 대한 충실도 역시 약할 수밖에 없다. 이런 조직에서 질 높은 관리 서비스는 기대난망이다. 내가 경험한 바로는 이것은 사람의 문제라기보다 '구조의 문제'다. 이 구조의 문제, 즉 제도의 문제는 5부 "아파트 민주주의를 위하여"에서 다루기로 하고, 여기에서는 우리 아파트의 특수한 상황을 살펴보려 한다.

아파트 관리체계가 사유화되는 방식

취약한 구조에 더해 아파트의 관리조직을 한 사람이 사유화하면 어떤 일이 일어날까? 관리의 질은 형편없이 떨어지고 감시의 눈이 부재하기 때문에 필연적으로 부패가 발생하게 된다. 우리 아파트가 바로 여기에 해당한다. 내가 회장이 되기 전까지, 아니 내가 처음 회장이 된 이후 1년 반 정도까지 우리 아파트는 '몸통' 1인이 황제처럼 군림하는 체제였다. 심지어 그가 동대표나 회장이 아니었을 때도 말이다. 아파트 관리조직을 그가 사유화했기 때문이다.

사유화했다고 해서 모든 것을 혼자 진두지휘하지는 않는다. 사유화된 조직도 조직이어서 시스템으로 움직인다. 적극적으로 부역하는 직원들이 있기 마련이고(대다수 직원은 소극적으로 부역한다), 그런 사람들에게는 일정한 보상이 따른다.

그러나 무엇보다 중요한 것은 조직의 정점에는 '몸통'이 있어야 하고, 이렇게 하려면 적극적으로 부역하는 직원들만으로는 부족하다는 점이다. 위탁관리회사가 그의 하위 파트너가 되어야 사유화된 체계가 지속될 수 있다. 한마디로 말해 '몸통'이 원하는 위탁관리회사가 아파트를 계속 관리하게 해야 한다.

그런데 보통 아파트의 위탁관리회사는 2년에 한 번씩 교체된다. 그러면 어떻게 해야 하는가? 교체될 때마다 위탁관리회사를 하위 파트너로 두기 위해 별도의 작업을 해야 할까? 아니다. 아주 쉬운 방법이 있다. 위탁관리회사는 주기적으로 교체되지만, 실제로는 한 명이 위탁관리회사를 대표하게 만들면 된다.

이것이 어떻게 가능할까? 한 명이 위탁관리회사를 옮겨 다니며 옮긴 업체의 이름으로 관리업체를 선정하는 입찰에 참여하고, 관리사무소의 적극적 부역자들은 옮긴 업체가 낙찰되도록 동대표들을 유인하면 된다. 우리 아파트의 '몸통'은 이런 '유능한' 업체 브로커를 하위 파트너로 두는 방식으로 아파트 관리조직을 지배해왔다.

부패의 삼각 시스템

이 삼각 시스템은 우리 아파트에서 10여 년 동안 잘 작동했다. 위탁관리회사는 계속 바뀌었지만, 실질 관리자는 동일 인물이었고, '몸통'은 그 관리 브로커를 통제했으며, 관리사무소의 적극적 부역자들은 이것이 가능하도록 실무로 뒷받침했다. 물론 관리사무소 직원들은 고용보장과 보이는 혹은 보이지 않는 다양한 혜택을 누렸을 것이고, 관리 브로커는 아파트의 각종 공사에 개입했을 것이다.

우리 아파트 위탁관리업체의 계약자 역시 업체가 바뀌어도 언제나 한 사람이었다. 그 관리 브로커가 옮겨간 회사의 대표 직인을 들고와서 대신 계약했는데, 2017년 1월에 회장인 나와 계약했을 때도 그 사람이었다. 당시 확인해 보니 그는 10여 일 전에 그 회사에 입사한 것으로 되어 있었다. 하지만 그땐 나 혼자였기 때문에 때를 기다려야 했다.

나는 두 번째 회장 임기를 시작하며 아파트 관리체계를 바로잡기 위해 먼저 이 부패의 삼각 시스템을 해체하지 않으면 안 된다고 보았다. 그래서 2017년 11월 21일 정기회의에 위탁관리회사 계약해지를 안건으로 올렸다. 계약해지 사유는 충분했고, 이미 동대표들도 결심한 상태였다. 안건은 원안대로 통과되었다.

그런데 계약해지를 통보받은 위탁관리회사가 크게 반발하며 만약 결정을 철회하지 않으면 업무 인수인계를 하지 않는 것은 물론 실력행사도 마다하지 않겠다고 내게 통보해왔다. 전혀 예상하지 못한 난감한 상황이었다.

나는 위탁관리회사 회장에게 전화해 우리가 계약해지를 한 이유를 설명했다. 내 설명을 자세히 듣던 그 대표는 우리 아파트를 실질적으로 관리해온 관리 브로커가 그런 사람인 줄 몰랐다고 하며 우리의 결정을 존중한다고 말했다. 결국 2017년 12월에 새로운 위탁관리업체가 선정되었고, 그 위탁관리회사는 관리 분위기를 쇄신하기 위해 '몸통'에게 적극 부역했던 직원들을 교체했다.

이렇게 해서 10여 년 동안 우리 아파트를 관리해왔던 '몸통-관리 브로커-관리사무소의 적극적 부역 직원'이라는 삼각 시스템이 완전히 해체되기에 이르렀다. 이 모든 것이 두 번째로 회장이 되고서 두 달 동안 추진한 일이다.

결국 문제가 있던 경비회사와 위탁관리회사는 교체되었고, 2018년 1월부터 새로운 관리 시스템이 가동되었다. 숨 가빴던 시스템 개혁의 토대를 완성하고 나는 2018년 1월 2일에 있었던 관리사무소 직원 신년하례회에 참석해 관리소장에게 시간을 얻어 우리 아파트의 유급직원 전체에게 다음과 같이 말했다.

앞으로는 특정인과 가깝다고 해서 혹은 멀다고 해서 고용 여부가 결정되는 일은 없을 것입니다. 아파트 직원들이 입주민들에게 제공하는 관리서비스의 질과 고용 여부와 급여 수준은 서로 연동될 것입니다. 이제는 밤에 기계실·전기실에서 근무하는 직원들이 음주하는 일은 없어야겠습니다. 만약 그런 일이 다시 일어나면 저는 회장으로서 할 수 있는 모든 일을 할 것입니다. 지난 2년, 아니 10년 이상 우리 아파트는 완전히 한 사람에 의해 좌지우지되었다고 해도 과언이 아닙니다. 이제 우리 아파트는 사필귀정이라는 사자성어가 실현되어가고 있습니다.

아파트는 이제 망가진 관리체계를 바로잡고 관리서비스의 질을 개선하기 위해 노력할 것입니다. 주민들의 참여 기회도 넓힐 것입니다. 직원 여러분들의 도움이 절대적으로 필요합니다. 모두 저보다 연배가 위이신데, 아파트 개혁과정에서 섭섭하게 했거나 무례를 범했다면 너른 마음으로 용서해주십시오. 2018년은 개혁의 원년이 되어야 합니다. 잘 부탁드리겠습니다.

관리사무소 직원들과 경비원들, 미화원들 모두 호응해주었다. 지난 2년 동안 나를 지켜본 한 경비원은 내게 다가와 정말 고생 많았다며 손을 잡아주었다.

투명성을 높이다

이와 동시에 나는 한 달에 1-2회 열리는 동대표 회의를 효과적으로 하기 위해 프로젝트를 설치하도록 했다. 중요한 사안은 파워포인트를 띄워놓고, 필요한 경우엔 동영상을 보며 회의를 할 수 있도록 했다. 또한 아파트의 모든 공사를 동대표들이 바로 파악할 수 있도록 공사 전, 공사 과정, 공사 후의 장면을 사진으로 볼 수 있도록 했다. 그리고 한 달에 한두 번밖에 사용하지 않는 회의실을 주민들의 소모임 공간으로 개방했다.

그러는 한편 입주자대표회의의 투명성 강화를 위해 회의 장면을 영상 촬영하도록 했다. 투명성은 내가 하는 행동을 다른 사람이 볼 수 있다는 것을 말한다. 동영상 때문이었는지 회의의 질은 더욱 높아졌다. 회의자료를 미리 검토하고 토론하는 분위기가 점차 형성되었다. 물론 가끔 딴지를 거는, 여전히 '몸통'에게 우호적인 소수의 동대표가 있긴 했지만 말이다.

제4부

주민들과 함께 만들어낸
작고 소중한 성취들

놀이터개선위원회:
참여를 통한 변화의 경험

아파트의 비리 발생과 부패의 근본 원인은 주민참여의 부재다. 물론 주민참여의 부재를 조장하는 구조가 있기는 하지만 말이다(이것은 5부에서 자세히 다룬다). 대한민국의 거의 모든 아파트에는 동대표를 하려는 사람은 드물고, 동대표가 일을 제대로 하는지 감시하는 사람은 더더욱 찾아보기 어렵다. 그러나 간혹 아파트에 동대표 지원자가 많다는 것, 눈에 불을 켜고 감시하는 사람이 있다는 것은 그 아파트에 문제가 정말로 많다는 증거다. 대개 어쩌다 관리비가 높게 나오거나 당장 불편한 일을 당한 입주민이 관리사무소에 전화해 상황을 따져묻는 경우는 있지만, 제대로 된 참여나 감시는 찾아보기 어려운 현실이다.

아파트는 주민주권의 무덤

그렇다면 어떤 사람들이 동대표와 선거관리위원이 될까? 상당수는 회의비를 받아 용돈에 보태려는 노인들과 대표님이나 위원님 혹은 회장님이란 호칭 듣는 걸 좋아하는 사람들이다. 이런 까닭에 아파트 회장의 나이가 70세가 넘는 경우가 상당하고 어떤 경우에는 80세가 넘는 경우도 있다. 그뿐 아니라 공사 입찰이나 아파트에 필요한 물품 구매 과정에서 뒷돈을 챙기려는 사람들이 대표로 나서기도 하니 아파트엔 비리와 분쟁이 끊이지 않는다.

더 큰 문제는 이미 아파트 입주자대표회의에 이런 사람들이 득실거린다는 걸 알기 때문에 상식적인 입주민들이 참여를 꺼린다는 점이다. 상식적인 입주민들은 각종 미디어와 소문 등을 통해 형편없는 사람들이 자기가 낸 관리비를 흥청망청 쓴다는 걸 알고 있지만, 관리비 1만 원 더 낼 테니 알아서 하라는 심정으로 차라리 모른 체하는 것을 택한다. 자기 일을 열심히 하는 사람일수록 아파트 일에 무관심하다.

그렇다. 국가의 가장 작은 단위, 대한민국 전체 가구의 절반 이상 (2018년 현재 50.1퍼센트)이 거주하는 아파트가 주민주권의 무덤이 되어버렸다. 아파트는 상식 있는 다수 입주민이 주인인 '민주주의'의 현장이 아니라, 타락한 소수가 무관심한 다수를 지배하는 '과두제'의 현장이다.

참여의 계기 만들기

이런 현실을 극복하기 위해 내가 생각한 것은 아파트의 일에 입주민들을 참여시키는 것이다. 참여가 변화를 만들어낸다는 경험을 우리 아파트 주민들에게 선물로 주고 싶었다. 그래야 질 낮은 사람들이 동대표나 선관위원이 되기 어렵고, 나아가 참여자 중 일부가 동대표가 될 수 있으니 말이다.

그러나 당위적으로 호소해서는 입주민들이 움직이지 않는다. 관리비에 관심을 가져야 관리비가 절감된다고 설명해도, 입주자대표회의에 참관해 실제로 의사결정이 어떻게 이루어지는지 감시해야 비리가 근절된다고 아무리 설명해도 입주민들은 꿈쩍도 하지 않는다. 필요하다는 걸 부인하지 않지만 굳이 자신은 하고 싶지 않은 것이다.

관건은 참여의 계기를 만드는 것이다. 내가 섭외해 동대표가 된 사람들과 어떻게 계기를 만들 것인가를 놓고 의논에 의논을 거듭했다. 입주민들이 즐겁게 참여하며 변화의 경험을 할 수 있는 아이템을 찾은 끝에 우리는 '놀이터 개선'을 생각했다.

우리 아파트는 30대 중반에서 40대 초반의 젊은 부부의 비율이 꽤 높았다. 나는 잘 몰랐는데 놀이터에 나가보면 아이들을 데리고 나온 젊은 엄마들끼리 놀이터 개선이 필요하다는 이야기를 많이 한다는 것이다. 30년이 다 된 우리 아파트의 놀이터는 이용하는 아이들이 꽤 되었지만, 불편한 점이 많고 위험시설이 그대로 방치되어 있었다.

'놀이터개선위원회' 구성

우리는 아파트 홈페이지에 놀이터 개선 사항에 관한 제안을 하면 그것을 반영해 놀이터를 개선하겠다는 내용의 글을 올렸다. 그런데 "그네를 바꿔주세요" "조합 놀이대를 설치해주세요" 등등 단순한 제안만 올라왔다. 이렇게 되면 구체적인 해법 찾기의 과제는 동대표나 관리사무소로 넘어온다. 그런데 동대표 중 놀이터에 관심을 가진 사람이 없었고 관리사무소 직원들 역시 마찬가지였다. 그리고 무엇보다 이런 식으로 하면 참여를 통한 변화의 경험을 만들어내는 일은 불가능하다.

어떻게 하면 입주민들을 변화의 주체로 세울 수 있을까를 고민하다가 놀이터에 관심 많은 '젊은 엄마'들로 구성된 '놀이터개선위원회'를 조직하기로 의견을 모았다. 다행히 동대표 중에 아내가 놀이터 개선에 관심이 많다는 '젊은 아빠'가 있었다. 우리는 그에게 젊은 엄마 다섯 명을 섭외해달라고 요청했다.

그 동대표의 아내는 평소 교류하던 젊은 엄마들에게 이 사실을 알리고 위원회 활동에 참여할 다섯 명을 모집해 입주자대표회의에 전달했다. 입주자대표회의는 이중 한 명을 위원장으로 나머지 네 명을 위원으로 임명한 후, 그 위원회가 개선 사항을 정리해 제출하면 입주자대표회의가 최종적으로 의결해 개선하는 것으로 프로세스를 확정했다.

제안작업에 착수한 놀이터개선위원회는 약 한 달 동안 아파트의 많은 젊은 엄마들에게 직접 의견을 수렴하고, 놀이터 시설이 잘 갖춰진 아파트를 방문해 개선 사항을 정리한 최종 보고서를 완성해 나에게 미팅을 요청했다.

젊은 엄마들의 놀라운 열정

2018년 3월 30일, 관리사무소 회의실에서 놀이터개선위원회와 미팅을 가진 나는 그들의 열정에 탄복하지 않을 수 없었다. 열심히 하는 것은 알고 있었지만, 그 정도일 줄은 몰랐다. 그들이 만든 제안서는 파워포인트 30장 정도 되었는데, 거기에는 구체적인 개선 사항과 비용 추산 등이 담겨 있었다. 놀이터 전문 회사가 만든 자료라고 해도 전혀 손색이 없었다. 유모차 진입로 확보, 그네의 쇠줄 교체, 소음이 나는 시소 교체의 필요성과 수리 방법, 엄마들이 쉴 수 있는 벤치 수리와 등나무 교체 등 놀이터 개선의 모든 것이 망라되어 있었다. 감동한 나는 식사 대접으로 그들의 노력에 감사를 표했다. 입주자대표회의는 많은 돈이 들어가는 것은 제외하고 그들이 제안한 거의 모든 것들을 통과시켰다.

이렇게 해서 우리 아파트의 놀이터는 많은 돈을 들이지 않고도 더 안전하고 편리해졌다. 유모차 진입이 쉬워졌고, 그네의 쇠줄을 안전한 재료로 교체했으며, 아이들을 데리고 나온 엄마들이 쉴 수 있는 벤치와 등나무는 위원회가 요청한 대로 수리하거나 교체했다. 더 많은 아이들이 안전하게 뛰놀고 엄마들이 담소를 나누는 모습은 모두에게 큰 즐거움이었다.

놀이터개선위원회 활동은 무보수다. 그런데 그들의 열정은 어디서 나온 걸까? 자신이 사는 아파트의 놀이터에서 아이들이 안전하게 놀 수 있게 하겠다는 소박한 바람이 일차적 이유일 것이다. 그러나 보다 근본적으로는 인간 안에 잠재된, 이유가 자기에게서 나온다는 뜻의 '자유의지'가 작동한 결과가 아닐까 생각한다.

입주자대표회의는 연말에 놀이터개선위원회 위원 5명에게 시상을 했다. 그들의 '즐거운 참여'를 통해 입주민들의 삶의 질이 향상되었기 때문이다. 상장과 함께 위원들이 식사할 수 있도록 소액의 격려금도 지급했다. 그들의 이런 경험이 또 다른 시도로 이어지길 바라는 마음으로.

마을학교:
갈등과 비리의 아파트에서 화합과 상식의 아파트로

비록 눈에 보이는 엄청난 변화가 있었던 것은 아니지만, 아파트의 젊은 엄마들로 구성된 놀이터개선위원회의 시도는 새롭고 신선한 경험이었다. 지금까지 아파트의 모든 일은 동대표들과 관리사무소의 일이었다. 주민이 직접 나선 경우는 거의 없었다. 그런데 놀이터개선위원회를 통한 아파트의 변화는 아파트의 주인인 주민이 직접 제안하고 그것을 입주자대표회의가 받아서 진행한 일이다. 입주민들이 주체가 된 첫 사례라고 의미를 부여할 수 있겠다.

여기에 더해 나는 아파트 전체 주민을 대상으로 하는 '마을학교' 개최를 추진했다. 마을학교를 추진한 목적은 우리 아파트가 '갈등과 비리의 아파트'에서 '화합과 상식의 아파트'로 변화되었다는 것을 대내외적으로 선포하는 것이었다. 당시까지 우리 아파트는 갈등과 비리로 악명이 높았다.

적폐세력의 기획자로 온갖 패악질을 부리다 전과자가 되어 쫓겨난 관리소장 후임으로 온 신임 소장에게 들으니, 당시 관리소장들 사이에서 우리 아파트는 기피 대상 1호였다고 한다. 우리 아파트에 소장으로 간다고 하니 다들 말릴 정도였다는 것이다. 거기 가면 갈등에 휘말려 고생만 하다 결국 얼마 못 가 그만두게 된다고 하면서. 나는 마을학교 개최를 통해 우리 아파트의 이와 같은 꼬리표를 떼내고 싶었다. 결코 과거로 돌아갈 수 없음을 선포하고 싶었다.

또한 마을학교를 통해 아파트 일에 입주민들의 참여를 유도하고 싶었다. 아파트 민주주의, 공동체 만들기 등에 대한 강의를 듣고 토론하다 보면, 능동적으로 참여하는 입주민들이 반드시 나오리라고 생각했다. 마을에서도 '촛불 시민'을 만나 그들과 함께 우리 아파트를 참다운 '마을공화국'으로 만들고 싶었다.

이런 생각으로 나는 당시 주민자치에 많은 관심을 갖고 다양한 사업을 전개하던 수원시정연구원에 마을학교 제안서를 들고 찾아갔다. 공들여 만든 제안서에 '마을학교' 개최 취지를 다음과 같이 적었다.

사실 대한민국에서 '아파트 공동체'라는 '현실'은 존재하지 않는다. 국가로 치면 입법부에 해당하는 '입주자대표회의'는 항상적 갈등으로 몸살을 앓고 있다. 국가 차원에서 불법을 저지른 대통령을 쫓아내는 국민주권이 어느 정도 실현되지만, 마을 단위로 내려오면 몰상식과 비리가 판치는 것이 현실이다. 마을에서 주민은 진정한 의미에서 주인이 아니라, 대상 혹은 객체로 전락한다.

그렇다. 오늘날 한국 사회의 중요한 모순을 '국민'주권과 '주민'주권의 부조화라고 할 수 있다.

이 문제를 극복하는 가장 좋은 방안은 아파트 공동체에 관심을 가진, 다시 말해 상식과 공공의 마인드를 지닌 입주민들을 찾아내어 그들을 '주체'로 세우는 일이다. 모든 일은 사람이 한다. 이를 위해 우리 아파트는 'OO마을학교'를 개최하려고 한다. '자치'에 관심이 많은 수원시정연구원의 적극적 지원이 필요하다.

전국 최초로 연 아파트 마을학교

내 제안을 들은 수원시정연구원은 흔쾌히 수락했다. 당시까지 연구원은 수원 시민을 대상으로 한 자치학교를 개최하고 있었는데, 우리 아파트의 경우에는 '찾아가는 마을학교'라는 콘셉트로 추진할 수 있다고 했다. 연구원은 마을학교와 관련된 모든 비용 지원은 물론 강사 섭외와 현수막 제작까지 맡아주었다.

연구원과 몇 번의 기획회의를 거쳐 2018년 11월 11일 토요일 저녁 7시에 관리사무소 2층 회의실에서 학교를 열었다. 전단을 돌리고 현수막도 게시했다. 평소 아카데미를 직접 개최하기도 하고 강의도 했었지만, 내가 사는 마을에서 하는 것이어서인지 많이 긴장되었다. 얼마나 올까, 우리 아파트에 숨어 있는 '촛불 시민'은 얼마나 될까. 개최하기 전날 밤잠을 설쳤다.

가장 걱정되는 건 인원이었다. 열 명밖에 안 오면 안 하느니만 못한데 어쩌나, 은근히 걱정되었다. 그런데 뚜껑을 열어보니 무려 30명이 넘는 주민들이 참여한 것이 아닌가. 아마도 '1680세대에서 겨우 30명?'이라고 생각할 수 있을지 모른다. 하지만 우리 아파트에서 이렇게 많은 인원이 모인 건 처음 있는 일이었다. 다른 아파트도 마찬가지일 것이다.

아무리 좋은 행사를 한다고 광고해도 이렇게 많은 인원이 자발적으로 오는 건 힘들다. 마을학교에는 첫 회장 임기 2년 동안 나를 위로해주고 맛난 음식을 사준 초등학교 동창 희동이와 철규도 참석해주었다. 나는 입구에 서서 속속 들어오는 입주민들에게, 평소 나의 아파트 활동에 큰 관심을 갖고 지지해주던 아파트 상가 내 농협지점장이 협찬한 음료수를 하나씩 나누어주며 인사했다. 당시 내가 한 인사말이다.

좋은 아파트 공동체는 누가 만들어서 가져다주지 않습니다
아시는 분들도 계시겠지만, 우리 아파트는 최근 5년 동안 극심한 갈등에 시달렸습니다. 제가 첫 번째 회장일 때는 저를 향한 불법 해임투표를 무려 세 번씩이나 진행하기도 했습니다. 매월 1-2회 열리는 정기(임시)회의는 거의 아수라장이나 다름없었습니다. 몰상식과 불법이 난무했습니다. 그러나 지금 우리 아파트는 정상화되었습니다. 상식적인 입주민들이 동대표가 되었고, 부족한 점이 있지만 입주자대표회의는 아파트 전체의 유익이 무엇인지를 놓고 심도 있는 토론을 하여 의결하고 있고, 관리사무소는 이렇게 결정된 사항을 제대로 집행하려고 애쓰고 있습니다.
지금 열리고 있는 마을학교는 우리나라 아파트 역사상 처음이라고 합니다. 저희 입주자대표회의가 이런 행사를 연 까닭은 이제 우리 아파트는 결코 과거로 돌아갈 수 없다는 것을 선포하기 위함입니다. 좋은 강의를 듣고 이야기를 서로 나누면서 우리 아파트를 여러분과 함께 만들어가고 싶습니다. 좋은 아파트 공동체는 누가 만들어서 가져다주는 기성품이 아닙니다. 우리가 만들어가는 것입니다. 재정적·행정적 지원을 해준 수원시정연구원에 감사드립니다. 이제 시작이나 계속 함께해주십시오. 고맙습니다.

아파트 전체 분위기를 바꾸다

강의가 시작되었다. 첫날 강의 제목은 "아파트 안에서의 자치 실현"이었고, 강사는 10여 년 동안 자치운동을 해온 수원자치분권협의회 노민호 사무국장이었다. 내가 2년 동안 아파트에서 고생한 내용을 대략 알고 있는 그는 청중의 눈높이에 맞는 언어를 사용하며 강의를 전개해갔다.

다소 경직된 분위기를 풀기 위해 우쿨렐레를 직접 연주하며 "과수원길"을 합창하도록 유도한 노 국장은 듣던 대로 대단한 강사였다. 아파트 자치와 주민참여의 당위성을 이보다 더 잘 설명할 순 없었다. 첫 번째 강의는 대성공이었다.

그런데 이어지는 강의에는 참여가 저조했다. 아마도 평일 낮이었기 때문일 것이다. 나는 연차를 내고 세 번째 강의인 "아파트 커뮤니티 우수사례 공유"에 참여했는데, 거기서 얻은 아이디어를 이후 우리 아파트 실정에 맞게 하나하나 구현해나갔다.

마을학교에 많은 사람이 참여하지는 못했지만, 그리고 학교를 마친 입주민 모두가 아파트 일에 주체적으로 나선 것은 아니지만, 아파트 전체 분위기를 바꾸는 데는 성공한 것 같았다. 과거 갈등과 비리의 아파트로 돌아갈 수 없는 분위기가 형성되었다.

주민들도 나의 새로운 시도를 상당히 긍정적으로 평가해주었다. "비록 못 가봤지만, 이런 새로운 시도를 해줘서 너무 고맙다"는 문자를 보낸 입주민이 여럿 있었고 나를 알아보는 입주민도 많아졌다. 이렇게 마을학교는 보이는, 또 보이지 않는 다양한 성과로 나타났다.

포기를 모르는 '몸통'의 최후 발악과
사필귀정

아둔한 사람들의 특징은 물러나야 할 때와 나서야 할 때를 모른다는 것이다. 내가 보기엔 '몸통'이 그랬다. 나의 첫 번째 입주자대표회의 회장 임기 2년 동안, 아니 한참 전부터였으니 10년 이상 그 '몸통'이 우리 아파트에서 '최고 권력자'로 군림할 수 있었던 것은 무엇보다 관리소장이 문서작업뿐만 아니라 행정적 뒷받침을 해주었기 때문이다. 그리고 그의 말이라면 팥으로 메주를 쑨다 해도 믿는 다수의 동대표가 있었기 때문이다.

그런데 그 관리소장은 전과자가 되어 쫓겨났고, 자신과 자신의 충복들은 동대표가 아닌 일반 입주민이 되었으며, 더구나 새로운 입주자대표회의는 회장 남기업과 함께하는 동대표들이 80퍼센트 이상을 차지하고 있으니, 상황판단을 할 수 있는 사람이라면 최대한 숨죽이고 있을 텐데 놀랍게도 그는 그러지 않았다. 그는 끊임없이 나의 리더십에 흠집을 내고 괴롭히려 했다. 대단한 집요함이었다. 때문에 두 번째 회장 임기에도 새로운 아파트 공동체를 형성하는 일과 '몸통'을 방어하는 일 두 가지를 병행해야 했다. 일하면서 싸워야 했다.

2017년 10월 16일 두 번째 회장 임기가 시작되고 얼마 되지 않아 그는 새롭게 동대표가 된 사람들 모두에게 서류 봉투를 보내왔는데, 거기에는 내가 아파트에 큰 손해를 끼쳤다는 허위 내용이 들어 있었다. 그런 거짓 서류로 내 리더십에 흠집을 내려는 것이었다. 당연히 그 서류를 받아든 동대표들 모두 어이없어했다. 그들은 '몸통'이 누군지, 그가 얼마나 거짓말에 능한지, 그리고 그가 우리 아파트에 끼친 해악이 얼마나 큰지 잘 알고 있었기 때문이다. 한편으로 동대표들은 기분 나빠했다. 그런 거짓말에 자기들이 넘어갈 것이라고 봤다는 것이, '몸통'의 충복들과 자기들을 같은 수준으로 봤다는 것이 매우 불쾌했던 것이다.

결국 내 리더십을 흔들어놓으려고 한 그의 시도는 실패로 돌아갔다.

또다시 나를 고소한 '몸통'

리더십 흠집 내기 작전이 통하지 않자 그는 고소 작전에 돌입했다. 앞("경비 서비스의 질을 개선하다")에서 언급했듯이 2017년 11월 당시 우리 입주자대표회의는 경비 서비스의 질이 매우 떨어지는 것을 시정하고 적극적으로 불법에 가담한 경비원을 조치해달라고 경비회사에 요구했는데, 업체가 응하지 않아 고심 끝에 계약 해지를 결정했었다.

성실하게 근무한 경비원은 아파트의 담당 경비회사가 바뀌더라도 계속 근무하게 되었는데, 계약이 해지된 경비회사에서 일한 기간이 1년이 채 안 되었기 때문에 퇴직금을 지급할 수 없는 상황이었다. 그러나 지급할 의무가 없는 퇴직금을 사회적 배려 차원에서 지급 가능하다는 고용노동부의 답변을 근거로 우리 아파트 입주자대표회의는 퇴직금 지급을 의결해 집행했다.

1년 '이상' 근무한 경비원에게는 경비회사를 통해 퇴직금이 지급되지만, 1년 미만이기 때문에 아파트가 직접 경비원에게 지급했고, 당연히 경비원 통장에는 아파트 이름이 찍히게 되었다. 그런데 그 계약이 해지된 경비회사가 문제를 일으켰다.

노동법상 피고용인을 정당한 사유로 해고하려면 적어도 해고 한 달 전에 해고 대상자에게 통보해야 하는데, 그 경비회사는 이 절차를 이행하지 않았다. 해고 통보를 하지 않으면 고용주는 한 달 급여에 해당하는 '해고수당'을 해고 대상자에게 지급해야 한다. 그러니까 경비회사는 우리 아파트 열네 명의 경비원에게 3천만 원 상당의 해고수당을 지급해야 할 의무가 발생한 것이다.

큰 손해를 보게 된 경비회사는 우리 아파트로 연락해왔다. 우리 아파트가 퇴직금을 지급할 의무가 없음에도 퇴직금을 지급하기로 의결한 것으로 아는데, 그 퇴직금을 해고수당으로 지급하면 안 되겠느냐는 말이었다. 당연히 우리는 그럴 수 없다고 거절했다. 그 경비회사는 꼼짝없이 해고수당을 지급할 수밖에 없게 되었다.

그런데 그 경비회사가 해고수당을 송금할 때 입금자를 우리 아파트 이름으로 한 것이 문제가 되었다. 물론 경비원들은 통장에 퇴직금과 해고수당 입금자로 우리 아파트 이름이 찍혔더라도, 하나는 아파트가 퇴직금으로 지급한 것이고, 또 하나는 경비회사가 해고수당 명목으로 지급했다는 사실을 다 알고 있었다.

그런데 '몸통'은 통장에 우리 아파트 이름이 두 번 찍힌 걸 보고 한 번 지급해도 되는 퇴직금을 두 번 지급했다고 나를 배임죄로 고소한 것이다. 당시 그의 매형이 우리 아파트에 경비로 근무했는데, 아마도 그 경비원의 통장을 보고 고소거리를 찾은 것으로 보였다.

2018년 4월 어느 날 조사를 받으러 오라는 경찰서의 전화를 받고 나는 피가 거꾸로 솟는 줄 알았다. 이중지급, 즉 배임이 아니라는 것을 '몸통'도 아는데, 그저 나를 괴롭힐 목적으로 고소한 것이 너무도 분명했기 때문이다. 경찰서에 피고소인으로 또는 고소인으로 20여 차례 출두해 조사를 받았지만, 조사 자체가 얼마나 스트레스받는 일인지 모른다. 특히 피고소인 자격으로 조사를 받으려면 고소 내용 자체를 부인만 해서는 안 되고 증거까지 제출해야 하는데, 그 증거를 준비하는 것 자체가 엄청난 부담이다.

자료를 준비해 경찰서에 가서 조사를 받았다. 분위기를 보니 나를 조사하는 경찰도 '몸통'이 고의로 고소했다고 여기는 듯했다. 나는 생각 끝에 그를 무고죄로 맞고소했다. 그러나 무고죄 고소는 증거불충분으로 불기소처분되었다. 무고의 의도를 가지고 고소한 것을 엄히 처벌하면 고소·고발 사건이 크게 줄어 사법당국도 좋을 텐데, 왜 그렇게 하지 않는지 지금도 이해가 되지 않는다.

고립무원이 된 '몸통'

아무튼 그는 포기를 모르는 인물이었다. 그러나 아파트에서 그의 입지는 점점 좁아졌다. 그를 지지하는 사람은 아마도 같이 동대표 활동을 했던 사람들밖에 없어 보였다.

앞에서("몸통, 동대표에서 해임당하다") 언급했듯이 우리 입주자대표회의는 그가 불법적으로 사용한 관리비를 회수할 목적으로 민사소송(손해배상) 진행을 위해 주민들에게 동의서를 받았다. 1680세대 중 무려 1239세대가 참여했는데, 놀랍게도 1222세대가 찬성했다. 98.6퍼센트의 찬성률! 아파트 전체에 그의 불법 행위가 다 알려졌고, 결과적으로 그는 아파트에서 고립무원의 처지가 되었다.

이뿐 아니라 입주자대표회의는 그의 불법적 관리비 집행을 '횡령죄'로 고소했고, 이 사건은 검찰로부터 벌금 50만 원의 기소처분을 받았다. 그러나 그는 거기에 굴하지 않고 유무죄를 다퉈보겠다며 정식재판을 청구했다.

이렇게 그는 민사·형사 소송의 피고로 방어해야 할 처지에 놓이게 되었다. 모든 일은 반드시 올바른 길로 돌아가게 된다는 사필귀정(事必歸正)이란 사자성어가 우리 아파트에서 이루어진 것이다.

푸드트럭과 나비정원:
함께, 꽃을 심고 물을 주고

2018년 11월, 4회에 걸쳐 진행한 마을학교에서 나는 좋은 아이디어를 얻었다. 세 번째 강의의 강사였던 조안나 선생은 아파트 공동체 운동을 오랫동안 해온 분이었다. 자신이 거주하는 아파트에서 경험한 것을 나누는 '사례발표'는 우리에게 굉장한 도전을 주었는데, 그중에서 두 가지는 당장 실천에 옮길 수 있는 것이었다.

하나는 푸드트럭 입점이었다. 거의 모든 아파트에서 매주 1회씩 알뜰장터가 열린다. 옷도 팔고, 떡볶이도 팔고, 야채도 파는 장터가 우리 아파트에서도 정기적으로 열려왔는데, 2017년부터 식품위생법이 강화되어 무허가 조리판매가 금지되었다. 알뜰장터에 오는 입주민들은 보통 떡볶이나 국수 등을 먹으며 다른 물건들을 구매했는데, 음식 판매가 금지되니 알뜰장터를 찾는 사람 수가 점점 줄어들었다. 그러다

보니 알뜰장터 업체는 입점을 포기하기에 이르렀다.

그런데 조안나 선생은 수원시의회가 푸드트럭에 한해 아파트 입점이 가능하도록 조례를 개정했다며 우리 아파트에 푸드트럭 입점을 제안했다. 청년들을 돕기 위해 청년들이 운영하는 푸드트럭이 입점하면 더 의미가 깊겠다고도 했다.

청년 푸드트럭, 입점하다

나는 강의를 마치고 바로 수원시 사회적경제과에 연락해 푸드트럭 입점 가능성을 물었다. 수원시는 시의회 통과로 가능하다고 답하면서 청년 푸드트럭 운영자를 연결해주었다.

며칠 후 푸드트럭 청년 사장과 관리사무소에서 만났다. 우리의 취지를 설명하니 청년 사장은 크게 고무되었다. 그에게 들으니 수원시에서 푸드트럭 입점은 우리 아파트가 처음이라고 했다. 나는 그 청년 사장에게 정기회의에 출석해 동대표들에게 사업설명을 해달라고 제안했다.

2018년 11월 28일에 열린 입주자대표회의에서 청년 푸드트럭 대표는 우리에게 사업설명을 했고, 그 설명을 들은 동대표들은 청년 푸드트럭 입점 허가를 의결했다. 동대표들도 푸드트럭의 사업 주체가 청년이라는 것에 큰 의미를 두는 것 같았다.

청년 사장은 푸드트럭이 입점한다는 현수막을 아파트 곳곳에 걸고, 공고문을 붙이고, 관리사무소는 입점 일주일 전부터 방송했다. 드디어

2018년 12월 4일, 청년 푸드트럭 여섯 대가 입점했다. 대성공이었다. 무엇보다 입주민들이 매우 좋아했다. '청년'이어서 더 좋다는 입주민도 많았다. 푸드트럭 청년 사장들의 입이 귀에 걸렸다.

이렇게 한동안 주 1회씩 꾸준히 입점한 푸드트럭은 주민들로부터 사랑을 받았다. 푸드트럭 청년 대표는 내게 굉장히 고마워했다. 그런데 같은 음식이 계속 들어와서인지 점점 손님이 줄기 시작했고, 나는 그들에게 좋은 방안을 찾아보라고 했다. 최근에 그들은 입주민들이 직접 만든 공예품을 가지고 나와 판매하는 플리마켓과 함께 푸드트럭을 운영해보겠다는 계획을 세워 진행하려 하고 있다.

학생들과 꽃을 심고 물을 주다

또 하나는 초·중·고 학생들과 텃밭에 꽃을 심는 프로젝트다. 우리 아파트 뒤편에는 텃밭으로 운영되다 중단된 공터가 있다. 관리사무소는 그곳에 코스모스를 심었는데, 관리가 제대로 될 리 없었다. 그렇게 방치된 땅에 학생들과 함께 꽃을 심고 물을 주는 일, 즉 생명을 가꾸는 일을 시작해보는 것도 공동체 활성화를 위한 좋은 방안이라고 조안나 선생은 우리에게 제안했다.

그런데 학생들이 꽃을 심고 물을 주는 일에 자발적으로 참여할까? 학생들뿐만 아니라 누구든 참여해 꽃을 심고 물을 줄 수 있고, 학생의 경우 그 시간만큼 봉사점수를 부여할 수 있으니, 봉사점수를 얻기 위해 자발적으로 찾아오는 학생들이 분명 있을 것이라고 했다.

조안나 선생은 자신이 거주하는 아파트에서 꽃 심고 가꾸기, 청소하기, 눈 치우기 등에 참여하는 사람에게 봉사점수를 부여했더니 참여하는 학생이 꽤 되었다는 경험담을 들려주었지만, 나는 좀 회의적이었다. 봉사점수를 얻기 위해 꽃을 심고 물을 줄 학생들이 과연 있을까 싶었다. 차라리 방학 때 주민센터나 복지센터에서 한꺼번에 봉사점수를 얻는 것이 수월하리라 생각한 것이다.

그래도 혹시나 해서 공고문을 붙였다. 처음에는 초등학생 한 명, 중학생 세 명, 성인 네 명이 왔다. 나는 겨우 여덟 명 왔다고 생각하고 좀 실망했는데, 조안나 선생은 여덟 명도 상당히 많이 온 것이라며 대단한 일이라고 했다. 학생들에게 어떤 생각으로 왔느냐고 물었더니 모두 하나같이 '봉사점수' 때문에 왔다고 말했다. 내심 얼마나 갈까 했는데, 성인 네 명이 상당히 적극적이었다. 이들은 이후 능동적으로 모임을 이끌어갔다.

우리는 날씨가 괜찮은 토요일 혹은 일요일 오후에 모여 꽃을 심고 물을 주는 일을 시작했다. 그런데 재밌는 일이 벌어졌다. 아이들이 자기가 심은 꽃에 물을 주는 일에 자발적으로 열심을 내는 게 아닌가. 처음에는 봉사점수를 얻기 위해 왔는데 몇 주 지나니 아이들의 얼굴이 달라졌다. 꽃이라는 생명을 가꾸는 일이 그들에게 의미 있게 다가온 것이다. 우리는 이 모임에 '나비정원'이라는 이름을 붙였다.

생명감수성과 환경감수성, 그리고 아파트 공동체

이렇게 시작한 나비정원에 큰 변화가 생겼다. 여덟 명으로 시작한 모임이 순식간에 30여 명으로 늘게 된 것이다. 매주 30명이 모인 것은 아니지만, 시간 될 때 나오는 학생 수를 모두 세어보니 30명이 조금 넘었다. 처음엔 봉사점수 때문에 왔지만, 몇 번 경험하며 봉사점수를 넘어서는 가치를 발견한 것이리라. 학생들 안에 '생명감수성'이 움튼 것이다. 참여하는 어른들의 수도 조금씩 늘었다.

나비정원은 활동 영역을 넓혔다. 처음엔 꽃을 심고 물주기만 하다가, 우유팩 세척도 시도했다. 경비원 아저씨들이 재활용 분리수거를 할 때 모아준 우유팩을 하나하나 손으로 펼쳐 세척한 다음 건조시키는 작업인데, 이것을 모아 주민센터에 가져가면 휴지로 바꿔준다. 세척한 우유팩은 휴지를 만드는 데 쓰인다고 한다. 우유팩을 손으로 펼칠 때 냄새가 심한데도 학생들이 열 명 이상 꾸준히 참여했다. 아이들 마음에 자연스럽게 '환경감수성'도 생겨난 것이다.

또 나비정원은 아파트 구석구석에 있는 쓰레기 줍기도 했다. 학생들이 쓰레기 줍기를 하니 기특하다며 칭찬하는 어른들도 있었는데, 이런 칭찬은 학생들에게 큰 격려가 되었다. 내가 사는 마을에 꽃을 심고 물을 주고, 환경을 생각하며 우유팩을 세척하고, 구석구석에 숨어 있는 쓰레기를 줍는 학생들과 어른들에게 자연스럽게 긍지가 생겨났다.

나비정원 동아리의 초대 회장은 2019년 10월 중순에 아파트 회장 임기를 마친 내가 맡기로 했다. 얼마 전에 가진 나비정원 임원모임에서 우리는 올 한 해 동안 모든 동 화단에 꽃을 심을 계획을 세웠다.

이렇게 우리 아파트에는 조용한 변화의 바람이 일고 있다. 청년들이 일거리를 얻고, 입주민들은 보다 안전한 먹거리를 즐길 수 있게 되었으며, 학생들 안에는 생명감수성과 환경감수성이 자라가고, 덤으로 봉사점수까지 얻고 있다. 올해는 우리 아파트에 더 많은 꽃이 심길 것이고, 학생들의 활동으로 아파트는 더 깨끗해질 것이다. 아파트 주민들이 변화를 더욱 실감할 것이다.

재난사고:
공동체란 무엇일까?

2019년 8월 18일 일요일 저녁 7시 30분, 아는 입주민에게 전화가 걸려왔다. 우리 아파트의 맨 뒷동이 붕괴할 것 같다고. 건물 붕괴라니, 삼풍백화점이 떠오르고 덜컥 겁이 났다. 당시 나는 외출했다가 집에 들어가는 중이었다. 도착하자마자 뛰어가보니 현장엔 놀라서 나온 입주민들로 가득했다.

당황한 한 입주민이 119에 신고해 소방차가 와 있었고, 경찰과 시청 공무원들도 분주하게 움직이고 있었다. 어떻게 된 상황인지 전혀 파악되지 않았다. 놀란 입주민들이 어떻게 된 일이냐고 내게 물었지만 해줄 말이 없었다. 어떤 입주민은 내게 거칠게 화를 내기도 했다. 도대체 아파트 관리를 어떻게 했기에 이런 사고가 일어나냐고. 무척 당황스러웠다.

사건의 개요는 이렇다. 우리 아파트 맨 뒷동 건물 1-2라인에는 1층부터 15층까지 정화조에서 나오는 냄새를 하늘로 뿜어내는 배기덕트가 부착되어 있었다. 하지만 배기덕트를 사용하지 않은 지 오래되어 그 구조물을 눈여겨보는 사람은 아무도 없었다. 그 오래된 배기덕트가 건물과 분리되며 소음과 진동을 일으킨 것이었고, 일요일 저녁 평온하게 식사하던 입주민들은 공포에 질려 밖으로 뛰쳐나온 것이다.

처음엔 건물이 붕괴하는 줄 알고 동 주민 모두가 대피했다. 밤 10시쯤 되어 진단을 마친 수원시 기술전문가들은 나에게 입주민들을 모아달라고 했다. 입주민들이 모이자 책임자는 주민들에게 직접 설명했다. 요지는 건물 붕괴 위험은 없으니 일단 해당 라인 입주민을 제외하고 나머지 세대는 집으로 들어가도 괜찮다는 것이었다. 두려움에 휩싸인 입주민들의 질문이 이어졌다. 질문과 답변이 몇 번 오간 후 수심이 가득한 얼굴을 한 입주민들은 집으로 돌아갔고, 해당 라인 입주민들은 아파트 경로당이나 인근 모텔로 이동했다.

희생양을 찾는 입주민

곧바로 아파트 관리사무소 회의실에는 '수원시재난현장통합지원본부'가 설치되었다. 수원시는 이를 '재난사고'로 규정한 것이다. 염태영 수원시장이 첫 회의를 주재했고, 나는 아파트 회장 자격으로 그 회의에 참석했다. 상황 체크를 하고 대책을 논의하고 있는데, 성난 입주민 한 명이 회의장에 갑자기 난입해서는 나에게 "사고 당시 회장님은 어디 계셨어요?" "언제 연락을 받으셨고 사고 현장엔 언제 도착하셨습니까?" 하고 따져묻는 게 아닌가.

순간 화가 났다. 전형적인 희생양 찾기였다. 분노의 대상이 필요했고 그게 바로 나였던 것이다. 항의하는 입주민에게 이런 사고를 내가 어떻게 예방하느냐, 회장은 5분 대기조처럼 아파트에 항시 대기하고 있어야 하느냐며 나도 모르게 목소리를 높였다. 옆에 앉은 염태영 시장이 자중하라고 내 손을 잡았다. 임기 마지막에 이런 일이 일어나다니, 정말 끔찍한 밤이었다.

더 답답한 건 그다음 날인 8월 19일 월요일 아침에 2박 3일 세미나 일정으로 아파트를 떠나 있어야 한다는 것이었다. 이미 약속되어 있는 일정이라 취소할 수가 없었다. 그 일정이 없었으면 연차를 내고 아파트에 머물면서 재난사건 처리를 지켜보며 해당 입주민들의 민원을 수원시에 전달하고 조정하는 역할을 했을 것이다.

세미나가 열린 충남 서산으로 전화가 빗발쳤다. 진행 상황을 묻는 입주민들의 전화, 언론과 방송사의 전화, 관리소장의 전화, 수원시 공무원들의 전화… 세미나에 집중하기 어려웠다. 전화로 화를 내는 입주민도 많았다.

배기덕트는 안전하게 제거되고

2박 3일 일정을 마치고 21일 수요일 오후에 집에 도착했다. 관리사무소에 가보니 배기덕트는 안전하게 제거되었고 마무리 작업을 하고 있었다. 긴박하고 아찔했던 순간들을 수원시 관계자에게 전해 들었다. 무게가 무려 30-40톤이나 되는 배기덕트가 한꺼번에 무너지면 소음과 진동으로 아파트 주변은 대혼란에 빠졌을 것이고, 자동차 파손과 사상자 발생 등 그야말로 우리 아파트는 재난지역으로 선포될 수도 있었다고 했다.

그런 상황에서 수원시 기술팀은 침착하게 상황판단을 하고 안전하게 배기덕트를 하나하나 제거한 것이다. 붕괴 직전에 있던 덕트를 붙잡아 매기 위해 각 가구의 베란다 난간이 손상되긴 했지만, 재산피해는 거의 없었다.

이런 설명을 듣고 나서야 안도의 숨을 쉴 수 있었다. 가슴을 쓸어내리며 관리사무소에 우두커니 앉아 있는데, 한 입주민이 두유 한 상자를 들고 들어왔다. 그는 해당 라인의 입주민들이 얼마나 놀랐겠느냐, 그들에게 힘내라는 말과 함께 이 음료수를 전해달라고 말했다. 몇 동 누구시냐고 물으니 한사코 자신을 밝히지 않았다.

내게 전화한 입주민들 상당수는 이 사고가 신문과 방송에 크게 보도되었으니 아파트값이 떨어지면 어쩌냐는 항의를 해왔다. 그 말을 듣고 속이 많이 상했다. 이런 상황에서 가장 먼저 생각하는 것이 집값이라니… 그러나 두유를 가져다준 그 주민처럼 한편으론 다른 사람의 어려움을 공감하며 위로하는 사람들도 있었다. 나는 해당 주민들의 곤경을 위로하고픈 입주민들이 그들의 선한 마음을 나눌 수 있는 공간을 마련하고, 위로를 전하는 현수막을 걸어야겠다는 아이디어를 떠올렸다. 현수막을 걸고 고민하는 나에게 아파트에 파견되어 있던 수원시 김타균 홍보기획관은 위로의 말을 전할 수 있는 게시판을 설치하면 어떻겠느냐고 제안했다. 매우 좋은 아이디어였다. 나는 즉시 관리사무소 직원과 함께 게시판을 설치하고 포스트잇을 비치했다.

공동체란 무엇인가? 공동체는 언제나 구성원들이 서로의 아픔에 동참하는 것을 통해 존립한다. 고통을 당한 사람들은 다른 사람이 자신의 고통에 동참하려는 걸 느낄 때 위로를 받고 자신이 공동체의 성원임을 인식하게 된다.

게시판 설치는 성공적이었다. 많은 입주민이 자발적으로 직접 현장에 와서 자필로 위로의 글귀를 붙였다. 사고가 나 집값이 떨어질 것을 염려하는 사람들도 분명 있었지만, 놀란 가슴 쓸어내리며 경로당과 근처 모텔에서 난민처럼 지내는 사람들의 어려움을 헤아리는 사람들도 있었다. 나는 현수막과 게시판 설치를 통해 후자의 마음을 극대화시키고 싶었다.

수원시의 놀라운 행정력

정말 신기한 일은 따로 있었는데, 그것은 수원시의 놀라운 행정력이었다. 나는 우리나라 공무원들의 행정력을 그다지 신뢰하는 사람이 아니다. 만들어놓은 사고 대처 매뉴얼은 피해자 혹은 당사자를 위한 것이 아니라 공무원의 책임회피 수단으로 활용되는 게 아닌가 하고 의심하는 사람이었다. 그러나 이번 재난사고 기간에 수원시 공무원들의 행정을 접하며 이런 생각에 변화가 일어났다.

염태영 수원시장은 현장에 와서 시민의 안전과 관련해서는 '과잉'

대응해야 한다는 말을 했는데, 그 말 때문이었는지 공무원들은 최선을 다하는 모습을 보여주었다. 단순히 주어진 일을 처리하는 걸 넘어서 피해자들의 안전을 최우선에 두고 그들의 마음을 헤아리며 문제를 해결하려는, 역동적이면서도 안정된 행정을 직접 경험하며 적잖이 놀랐다.

그중 최연경 공동주택팀장의 '마음을 다하는 행정'은 단연 돋보였다. 배기덕트를 하나하나 제거하기 전 붕괴를 막기 위해 밴드로 붙들어 매려면 입주민의 집에 들어가서 작업을 해야 했다. 물론 이 작업은 입주민이 문을 열어주어야 가능하다. 그런데 문을 열어주지 않으려는 입주민들이 있었다.

최 팀장은 끝까지 포기하지 않고 그런 입주민들을 설득하는 투혼을 보여주었다. 땀을 뻘뻘 흘리며 쉴새 없이 현장과 상황실을 오가며 가교역할을 하는 그의 모습은 퍽 인상적이었다. 이 사건 후 사람들에게 수원시의 적극적 행정에 관한 이야기를 하면, 그들은 어김없이 수원시의 행정 대처가 '예외적'이라고 대꾸했다.

수원시의 놀라운 행정에 보답하기 위해 우리 입주자대표회의는 수원시장에게 감사패를 전달하기로 했다. 내가 아파트 대표로 염태영 시장에게 감사패를 전달했는데, 공교롭게도 며칠 후 수원시가 나에게 재난사고처리에 적극적 도움을 준 것에 대해 표창장을 수여했다. 이렇게 우리 아파트의 재난사고는 마무리되었다.

어렵게 일군 아파트의 공동체성이 유지·발전하기 위해서는 무엇보다 괜찮은 동대표들이 입주자대표회의에 들어와야 한다. 나의 두 번째 회장 임기가 막바지에 이르고 바야흐로 동대표와 회장 선거가 다가오고 있었다. 나는 내 마지막 임무를 좋은 동대표와 회장을 섭외해 선출하는 것까지라고 생각하고 동대표 섭외에 돌입했다. 잔뜩 웅크리고 있었던 적폐세력들도 선거가 다가오자 다시 꿈틀거리기 시작했다.

마지막 임무:
좋은 동대표와 회장 선출하기

아파트의 정상적 운영과 아파트 공동체 활성화는 입주민을 대표하는 동대표들이 어떤 사람이냐에 달렸다고 해도 과언이 아니다. 입주자대표회의가 아무렇지 않게 불법과 비리를 저지르는 아파트에서는 공동체 활성화를 기대할 수 없다. 공동체 활성화는 언제나 상식과 정의 위에서만 가능하다.

문제는 괜찮은 입주민들이 입주자대표회의의 다수를 차지할 땐 아파트가 좋아지다가도 그들의 임기가 끝나고 몰상식과 탐욕으로 가득한 사람들이 입주자대표회의를 장악하면 다시 나빠지는 경우가 다반사라는 것이다.

우리 아파트가 그랬다. 기록을 찾아보니 1990년대 후반 우리 아파트는 아파트 자치운동의 효시와도 같은 곳이었다. 당시 발생한 비리

문제를 주민참여로 해결하고 그 에너지를 모아 재능 나눔과 같은 공동체 운동이 활발하게 전개되어 많은 언론에 주목을 받았다.

개혁되었다가 다시 후퇴하는 것이 현실

그런데 아파트 공동체 운동을 활발하게 전개하던 사람들이 하나둘씩 떠나고 자질이 부족한 사람들이 입주자대표회의와 선거관리위원회로 하나둘씩 들어오며 아파트는 빠른 속도로 나빠졌고, 급기야 2000년대 중반 '몸통'이 입주자대표회의에 등장한 이후 비리와 갈등의 장으로 변질되어버렸다.

많은 아파트 입주민들이 걱정하는 것이 바로 이것이다. 건전한 상식을 가진 회장과 동대표들이 아파트 입주자대표회의를 괜찮은 상태로 개혁해놓더라도 그들이 임기를 마친 다음 사사로운 욕심으로 나선 부패한 이들이 입주자대표회의를 장악하면 아파트가 다시 망가지는 건 시간문제다. 물론 우리 아파트의 경우 동대표 중임제한 규정 때문에 이미 여러 번 동대표를 했던 적폐세력이 동대표가 될 가능성은 매우 낮았다.

지금의 중임제한 규정은 각 선거구에 두 번 동대표 출마공고를 했는데도 출마자가 없을 시에만 출마의 기회를 준다.

안심은 금물이었다. 선거가 다가오니 적폐세력들이 모이고 있다는 소문이 들렸다. 저들도 어떤 방식으로든 차기 입주자대표회의에 영향을 미치려 할 것이다. 자신들이 동대표일 때 횡령하거나 불법으로 지출한 돈을 회수하기 위한 손해배상청구소송이 현재 진행되고 있는데, 그 소송을 자기들에게 유리하게 만들기 위해서라도 입주자대표회의를 자기들 편으로 만들어야 했다. 그만큼 그들에게 절박한 선거였다. 이런 까닭에 나는 좋은 동대표와 회장을 세우는 것을 내 회장 임기의 마지막 과업으로 삼고 동대표 선거전에 돌입했다.

선거를 제대로 치르려면 선거관리위원회가 정상적으로 업무를 수행해야 한다. 내가 두 번째 회장으로 무난하게 당선된 것도 당시 선거관리위원회가 상식적인 사람들로 채워졌기 때문에 가능했던 일이다. 그들은 선거방식을 투개표 부정이 불가능한 모바일투표로 바꾸었고, 투표율을 높이기 위해 애썼다. 나는 동대표 출마자 모집에 앞서 선거관리위원 후보자부터 물색해야 했다.

2019년 8월 2일, 선거관리위원회 총 7명을 선출한다는 공고가 떴다. 선거관리위원은 상대적으로 동대표보다 부담이 크지 않기 때문에 그동안 나와 함께했던 입주민들에게 부탁해 열 명이 지원하게 되었다. 일곱 명 뽑는데 열 명이 지원했으니 선거관리위원회는 안심해도 되겠다고 생각했다. 그런데 웬걸, 적폐세력 쪽에서 선거관리위원회 후보를 아홉 명이나 낸 게 아닌가. 거기에는 몸통을 위시해 내 첫 번째 회장 임기 때 동대표로서 나를 말할 수 없이 괴롭혔던 사람 여섯 명이 포함되어 있었다. 그러니까 그들은 중임제한 때문에 동대표 출마가 불가능하니 선거관리위원회를 장악해 선출된 동대표들을 통제하는 전략을 세운 것이다. 선관위를 장악해 자기들에게 불리한 의사결정을 하는 동대표를 잘라버리겠다는 전략이었다.

긴장하여 손을 떠는 '몸통'

8월 14일 수요일 저녁 7시에 추첨이 있었다. 지원자 열아홉 명 모두 참석했다. 일곱 명 뽑는데 열아홉 명이 지원하다니, 아파트 역사상 처음 있는 일이었다. 나중에 들으니 추첨 장소인 관리사무소 안에 긴장감이 감돌았다고 한다. 그런데 쉴새 없이 주절거리는 사람이 있었으니 그는 바로 '몸통'이었다. 누구보다 긴장감이 컸기 때문일 것이다. 그는 제비를 뽑기 위해 상자에 손을 넣을 때도, 나중에 참석자 서명을 할 때도 손을 떨었다고 한다. 선관위를 장악하지 못하면 '임박한 환란', 즉 자기에게 불리한 재판 결과를 피할 길이 없었기 때문이다.

추첨 결과 우리 쪽 네 명, 적폐세력 쪽 세 명이 위원으로 뽑혔다. 3:4가 아니라 4:3이 된 건 천만다행이었다. 그런데 그 세 명 안에 '몸통'도 포함되었다. 머리가 아프기 시작했다. 결국 위원장을 누가 맡느냐가 중요하게 되었다. 아무래도 선거관리위원회는 위원장의 의중대로 움직이기 때문이다. 위원장을 '몸통'이 맡게 되면 선거가 엉망이 될 것이고 그러면 동대표에 나서려고 할 사람도 줄어들 것이다.

우리 쪽 네 명은 미리 한 명을 정해놓고 회의에 들어갔다고 한다. 물론 그쪽에서도 '몸통'을 위원장으로 생각하고 들어왔을 것이다. 위원장은 각자 쪽지에 이름을 써서 많은 표를 얻은 사람으로 정하는데, 당연히 다수를 점한 우리 쪽에서 정해놓은 인물이 위원장이 되었다.

'몸통'은 크게 당황했다고 한다. 자기가 위원장이 될 수 있다고 생각했기 때문이다. 그는 우리 쪽 네 명 중 두 명은 회장 남기업과 무관한 사람이니 그 두 명이 기권하거나 다른 이름을 쓰면 세 표를 얻은 자신이 위원장이 될 수 있다고 계산한 것이다. 그러나 그의 예상은 보기 좋게 빗나갔다.

그후 그는 선관위 회의 때마다 회장 남기업이 비리를 저질렀다는 말을 늘어놓았다고 한다. 그에겐 날개 없이 추락하는 일만 남았다.

저들을 대변할 동대표 0명

선관위원 구성을 마치고 이제 본격적인 선거전이 시작되었다. 2019년 9월 2일부터 4일까지 동대표 후보자 등록이었다. 나는 모든 선거구에 후보를 내는 것을 목표로 후보를 물색했다. 먼저 나와 같이 동대표를 한 사람, 그러니까 현직 동대표 중 동대표를 한 번 더 할 사람을 찾았는데, 다행히 네 명이 출마하겠다고 결심했다. 또 평소 나비 정원에서 꽃 심고 물 주는 활동에 열심히 참여하던 입주민, 초등학교 친구, 같은 아파트에 사는 아내의 친구에게까지 연락해 동대표를 권유했는데 고맙게도 출마를 결심해주었다. 또 아파트에서 알게 된 한 입주민에게 연락해 동대표 출마를 권유했는데, 결국 그의 아내가 출마하는 일도 있었다. 물론 출마를 결심했다가 마지막에 포기하는 사람도 꽤 되었다.

또 고등학교 국어교사로 정년 퇴임한 시인도 동대표로 출마했다. 2019년 5월 초 수원에서 있었던 '노무현 대통령 서거 10주기' 행사장에서 그는 감동적인 자작시를 낭독했었다. 행사를 마치고 회식 자리에서 인사를 나누다가 같은 아파트에 산다는 걸 알게 되었고, 선거 때가 되어서 연락한 것이다. 처음엔 주저했지만, 감사하게도 결단을 내려주었다.

이렇게 내가 권유한 사람들, 그리고 내 주위 사람들이 추천해서 출마한 사람들은 모두 열한 명이었다. 그런데 적폐세력 쪽에서는 겨우 한 명만 후보로 나왔고, 그 한 명도 결국 선거에서 떨어지고 우리 쪽 후보 모두가 동대표로 당선되었다.

다음은 회장 선거다. 그러나 동대표 선거에서 적폐세력 쪽이 한 명도 당선되지 못했기 때문에 회장 선거는 걱정이 없었다. 회장은 동대표만 출마할 수 있기 때문이다. 후보자가 세 명이었는데 모두 괜찮은 사람들이었다. 누가 당선되어도 상관없었다.

자유는 영원한 경계의 대가로 주어지는 것

결국 저들은 선거관리위원회 장악도 실패하고, 입주자대표회의에는 자기 사람을 한 사람도 들여보내지 못했다. 그들은 이제 아파트에서 완전히 영향력을 상실한 것이다. 이제 그들은 다가오는 재판 결과를 기다리는 신세로 전락했다.

이렇게 해서 우리 아파트는 개혁적이고 상식적인 사람들이 동대표일 때는 잘 돌아가다가 그들이 임기를 마치면 다시 과거의 부패와 갈등으로 회귀할 수 있다는 우려를 극복할 수 있었다. 나는 새로 회장이 된 사람에게도 당부했다. 당신의 임무는 차기 입주자대표회의를 잘 구성하는 것까지라고, 자유는 영원한 경계의 대가로 주어지는 것이라고.

제5부

아파트 민주주의를 위하여

사람이 아니라
제도가 문제다

2015년 9월 어느 날, 지인이 내게 아파트 동대표를 권유하지 않았다면 이 책은 쓰지 못했을 것이다. 쓸 내용이 존재하지 않았을 테니까. 만약 2년(2015. 10-2017. 9)의 시간 동안 나를 기다리고 있는 일이 무엇인지 알았더라도 회장을 하려고 했을까? 그러니까, 적폐세력들의 악독함이 상상을 초월하는 줄 알았더라도 나는 동대표 출마를 감행했을까? 절대로, 절대로 그러지 않았을 것이다.

미련한 사람들만 버틴다

책을 쓰면서 수많은 전화를 받았다. 아파트라는 바다에 빠져 허우

적거리는 사람들에게 말이다. 대부분 나처럼 동대표가 뭔지도 모르고 들어갔다가 말도 안 되는 상황을 목격하고 도저히 그냥 지나칠 수 없어 나선 사람들이었다. 피하고 싶지만 피할 수 없는 사람들. 도와주는 사람도 없고 입주민들은 무관심하고, 얼마나 속상했을까. 하나같이 '미련한' 사람들이다. 가늠해보고 아니다 싶으면 빨리 그만둬야 하는데, 그러지 못하니 말이다. 그러나 세상은 이런 미련한 사람들에 의해 조금씩 나아지니, 생각해보면 이 또한 잔인하다는 생각이 든다.

전화로, 때로는 만나서 그들이 처한 상황을 들었다. 다행히 나의 경험과 조언, 자료 제공이 도움이 되어 구렁텅이에서 빠져나오거나 해결한 사람도 있지만, 그렇지 않은 경우가 훨씬 많았다. 그런 사람들은 몇 번 연락이 오다가 끊긴다. 걱정이 되어 전화해보면 받지 않는다. 지긋지긋한 동대표를 사임하고 이사를 결심한 것이다.

비리와 갈등으로 얼룩진 입주자대표회의

4년 전인 2016년 국토교통부가 대대적으로 아파트에 대한 회계감사를 단행한 적이 있다. 당시 발표에 따르면 감사대상인 전국의 8991개 아파트를 감사한 결과 19.4퍼센트인 1610개 단지가 부적합 판정을 받았다고 한다. 전국 429개 아파트를 대상으로 한 지자체 합동 감사에서는 72퍼센트인 312개 단지에서 관리비 횡령, 공사 수의계약 부조리 등 1255건이 적발되었고, 적발된 비리의 80퍼센트는 입주자대표회의의 회장과 직·간접적으로 연관되어 있다고 한다.

회장의 관리비 횡령과 공사·용역업체 선정 과정에서 금품수수 등 비리의 양태는 수백여 가지에 이르는 것으로 파악됐는데, 이런 회장이 만들어놓은 비리 시스템에 저항하는 사람은 나처럼 엄청난 대가를 치르게 된다. 온갖 욕설을 듣고 까만 밤을 하얗게 지새우는 것은 기본이고, 고소·고발로 경찰서는 물론 검찰과 법원에 드나들어야 하며, 심지어 신변의 위협까지 느껴야 한다.

그러나 이런 대가를 치르더라도 극복하고 해결하면 다행이지만 대다수가 그렇지 못하다. 사익과 공익이 충돌하면 사익이 이기는 경우가 다반사이기 때문이다. 눈에 보이는 사익을 추구하는 자들은 결사적이다. 눈에 불을 켜고 덤벼든다. 그러나 공익은 혜택이 모든 사람에게 돌아가기 때문에, 즉 눈에 보이지 않기 때문에, 어느 정도 해보다가 안 될 것 같으면 포기한다. 포기해도 비난하는 사람이 없다. 이 싸움에 대한 비용편익분석을 해보면 0에 가깝다.

비리를 일삼는 회장이 1년간 아파트 활동에서 버는 돈은 얼마나 될까? 아마도 보통 사람의 연봉 수준을 훌쩍 넘는 액수일 것이다. 힘도 별로 들지 않고 게다가 융숭한 대접도 받으니 이보다 더 좋을 수 없다.

현직 관리소장들의 말에 따르면, 대한민국 아파트의 60-70퍼센트가 이런 갈등과 비리에 휩싸여 있다고 한다. 기본적으로 사람들이 모이면 친소관계가 형성되고 별일 아닌 것으로 갈등을 빚기도 한다. 그러나 지금 아파트에서 벌어지는 갈등과 비리는 우리가 흔히 보는 것과 차원이 다르다. 사생결단식 갈등이 지금도 도처에서 벌어지고 있다. 이것은 분명 구조의 문제, 즉 제도의 문제다. 열 개의 아파트 중 한두 개의 아파트가 갈등과 비리에 휩싸여 있다면 사람의 문제라고 할 수 있겠지만, 6-7개 아파트라면 제도의 문제인 것이다.

그렇다. 전체 가구의 절반 이상(2018년 현재 50.1퍼센트)이 거주하는 아파트에서 민주주의는 허울뿐이다. 민주주의가 아니라 정글주의가 명실상부하다. 그렇다면 이 정글주의는 왜 극복되지 않는 걸까? 원인 없는 결과는 없다. 그 원인의 전모를 파헤쳐보자.

비전문가인 '회장'의 막강한 힘

아파트에서 가장 힘센 사람은 회장이다. 다수의 동대표가 회장을 지지하면 아파트는 그의 왕국이나 다름없다. 관리소장과 직원들은 회장의 하수인으로 전락한다. 물론 공동주택관리법에는 관리소장과 입주자대표회의의 대표인 회장은 서로 업무를 부당하게 간섭할 수 없다고 되어 있지만, 현실은 전혀 그렇지 않다. 관리소장의 임면권이 사실상 회장에게 있기 때문이다.

인사권을 입주자대표회의가 쥐고 있는 자치관리방식은 당연히 그렇고, 위탁관리방식이라고 해도 대개의 경우 관리회사에 압력을 넣어 교체를 요구할 수 있기 때문에 관리소장은 결국 회장의 말을 들을 수밖에 없다. 경비원과 미화원도 마찬가지다. 경비용역회사, 청소용역회사 선정도 결국 회장이 장악하고 있는 입주자대표회의가 결정한다.

물론 관리소장이 회장을 자기 아래 두는 경우도 간혹 있다. 내게 상담을 요청한 한 아파트의 경우, 관리소장이 어리숙한 동대표들을 구워삶아 자기 마음대로 아파트를 주무르며 문제를 제기하는 사람은 다양한 방법을 써서 쫓아버렸다. 그러나 이런 경우는 아주 예외적이다.

문제는 아파트 관리에 있어 회장은 비전문가라는 것이다. 아파트 관리가 제대로 되려면 전문가인 관리소장이 안정적으로 전문성을 발휘해야 하는데, 지금의 구조에서는 관리소장이 전문성을 발휘하면 '슈퍼 갑'이라 할 수 있는 회장과 갈등을 겪고 쫓겨나기 십상이다. 지금과 같은 구조에서 관리소장은 회장이 공사·용역업체 선정 과정에서 뒷돈을 받고자 하면, 그것이 안전하고 합법적으로 가능하도록 행정적 뒷받침—물론 이 과정에서 관리소장은 자기에게 피해가 없도록 조치할 것이다—을 하는 역할을 해야 한다.

더구나 아파트 관리에서 전문가인 관리소장은 임기가 보장이 안 된 비정규직이기 때문에 전문성 발휘를 기대하기도 어렵다. 관리소장의 임기가 평균 1년이 채 안 되는 것이 지금의 현실이다. 관리소장 입장에서는 적당히 대충하다가 다른 아파트로 가면 그만이라고 생각하는 것이 오히려 정상이다. 결과적으로 아파트 관리는 부실해지고 건물 상태는 나빠진다.

유명무실한 내부·외부 감사

그렇다면 비전문가인 회장이 전횡을 저지르지 못하도록, 때론 관리소장이 문제를 일으키지 않도록 견제장치, 즉 감사제도를 두면 되지 않겠느냐고 할지 모르겠다. 물론 감사제도는 존재한다. 하나는 외부 회계감사다. 공동주택관리법은 1년에 한 번 이상씩 외부 회계감사를 받도록 의무로 규정한다. 감사인은 회계법인의 공인회계사다. 그러나 이것도 형식적일 수밖에 없다. 왜냐하면 감사인을 선임할 권한을 감사 대상인 입주자대표회의(관리사무소)가 가지고 있기 때문이다. 피감기관이 감사인을 선임할 권한이 있으면 감사인이 제대로 감사할 수 있겠는가.

이런 까닭에 감사인은 입주자대표회의나 관리사무소가 원하는 대로 맞춤형 감사보고서를 제출하게 된다. 문제를 정직하게 지적하면 다음해 감사인 선정에서 배제되기 때문이다. 모든 아파트는 이렇게 만들어진 감사보고서를 행정기관에 보고하고, 행정기관은 '적정'이라는 감사결과를 사실로 간주한다.

서울시 노원구 어느 아파트에서 일어난 회계부정도 바로 이런 일 때문에 생긴 것이다. 9억 원 상당의 관리비를 빼돌린 것이 발각되자 경리 책임자와 관리소장이 극단적 선택을 해서 기사화된 이 아파트도 외부 회계법인의 감사를 받았지만 감사결과는 언제나 '적정'이었다. 감사인은 관리사무소가 제출한 자료만을 토대로 평가하기 때문이다. 아파트는 감사인이 제출한 '적정' 보고서를 노원구에 보고했고, 노원구는 '부적정'이 아니므로 실태조사를 할 필요가 없었다.

또 하나는 입주민에 의해 선출된 '동대표 감사'에 의한 내부 감사가 있다. 동대표가 하는 내부 감사는 입주자대표회의가 의결한 사항을 관리사무소가 제대로 집행하는지, 회계처리는 제대로 하고 있는지를 정기적으로 감사해서 보고서를 작성해 공개한다. 그러나 아파트마다 차이가 있지만, 동대표 감사의 역량은 현저히 떨어진다. 기본적으로 서류를 볼 줄 모르는 경우가 허다하다. 그러니 관리소장이 보여주는 자료와 설명에만 의존하게 된다. 더구나 감사보고서도 관리사무소가 작성해준다. 요컨대 대한민국 아파트에서 비리와 부패를 잡아내는 감사 시스템은 작동하지 않는다.

그렇다면 관리 부실은 결국 입주민에게 손해인데 입주민들은 왜 무관심한 걸까? 단순히 귀찮고 바빠서일까? 또 입법부·행정부·사법부는 왜 국민의 절반 이상이 거주하는 아파트 관리문제에 대한 근원적 처방을 내놓지 않는 걸까? 아파트 민주주의를 정착시키려면 우리는 먼저 이 질문에 답해야 한다.

공동의 책임은
누구의 책임도 아니다

좋은 마음으로 봉사하기 위해 아파트 동대표가 되었다가 말도 안 되는 상황을 목격한 사람들, 그냥 지나칠 수 없어 개혁하려고 나선 사람들이 가장 힘들 때가 언제일까? 기득권 세력, 즉 아파트 관리비를 자기 마음대로 쓰고, 불필요한 공사를 남발하며, 상식적인 요구를 무시하고 모욕하는 입주자대표회의 회장(혹은 관리소장)과 대결할 때일 것이다. 그러나 이것보다 더 힘들 때가 있다.

그것은 아파트 입주민들의 무관심을 접했을 때다. 나도 그랬다. 세 번씩이나 나에 대한 불법 해임투표가 진행된 2016년 초, 억울함을 호소하고 재판의 증거로 제출하기 위해 직접 주민들에게 서명을 받으러 방문했을 때 지지와 격려를 해주며 참여한 사람도 있었지만, 문전박대한 주민들도 꽤 많았다.

그럴 때면 정말 내가 지금 무슨 짓을 하고 있나 하는 자괴감이 밀려온다. 모든 걸 포기하고 싶어진다. 결국 나의 이 수고로 자신들이 혜택을 입게 될 텐데 나를 잡상인 취급하다니, 그리고 따지고 보면 당신들의 무관심 때문에 내가 이 고생을 하는 것인데, 하는 생각이 들지 않을 수 없다.

이런 현실을 잘 알기 때문에 적폐세력들은 마음 놓고 나쁜 짓을 저지르는 것이다. '네가 아무리 그래봐라, 너를 돕는 사람이 있을 것 같냐' 생각하는 것이다. 그래서 상식적인 동대표들은 외롭고 괴로워하다 결국 병이 나서 포기하고 이사를 결심하게 된다.

우리는 이 지점에서 한번 물어야 한다. 왜 입주민들이 무관심할까? 첫째, 삶이 너무 바쁘기 때문이다. 생업에 쫓기며 사는 사람들은 관리비에까지 관심을 가질 겨를이 없다. 집에 오면 쉬고 싶다. 동대표가 되어 입주자대표회의에 참여하거나 입주민으로 회의에 참관하는 건 말이 쉽지 거의 불가능에 가깝다.

또 다른 원인은 무임승차하고 싶은 마음 때문이다. 중요하고 필요한 건 알겠는데, 누군가 하겠지, 하는 마음이다. 꼭 자신이 해야 할 절박한 이유를 못 찾는 것이다. 모두가 알고 있듯이, 공동 책임은 무책임이다(Everybody's business is nobody's business).

아파트의 특수성

이것보다 더 중요한 이유가 있다. 자기가 내는 관리비를 도둑질해

가거나 각종 공사를 엉터리로 하면 결국 건물 가치가 떨어져 재산상의 손해가 발생하는데도 무관심한 이유 말이다. 그것은 바로 아파트라는 부동산이 가진 특수성에서 찾아야 한다.

자동차를 소유한 사람이 자동차를 잘 관리하는 것, 즉 엔진오일을 제때 갈고 타이어의 공기압을 정기적으로 점검하고 세차를 하는 이유는 그래야 제값 받고 팔 수 있기 때문이다. 제대로 된 관리가 자동차의 재산가치를 좌우하기 때문이다.

반면 아파트의 가격은 아파트 건물관리가 아니라 '위치'가 좌우한다. 아파트 주변에 전철역이 들어서거나 도로가 나면 가격이 올라간다. 아파트 건물상태와 무관하게 말이다. 이런 까닭에 아파트 주변에 전철역이나 도로 건설 혹은 공원 설치에는 모두 나서서 서명도 하고 바쁜 와중에 시청까지 찾아가 목소리를 높이지만 아파트 관리에는 무관심한 것이다.

더구나 아파트의 건물관리상태가 더 나빠야 재산가치가 올라가기까지 한다. 아파트 수명이 20년 가까이 되면 입주민들의 관심은 '재건축'으로 옮겨간다. 재건축 가능성이 높을수록 아파트의 재산가치는 상승한다. 아파트 건물관리를 제대로 해서 재산가치를 유지·보존하는 것보다 아파트를 빨리 부수고 새로 짓는 것이 훨씬 이익이 되기 때문이다.

재건축 가능성이 높아진다는 건 무슨 뜻인가? 그것은 건물상태가 좋지 않고 불안하다는 것이다. 그래야 안전진단 통과가 쉬워진다. 요컨대 아파트 건물관리를 제대로 하지 않을수록 재건축 가능성이 높아진다.

그렇다면 만약 아파트 가격이 자동차와 마찬가지로 위치와 무관하게 건물 가치로만 결정되면 어떻게 될까? 다시 말해 교통시설이 확충되어 더 편리해지고 공원이 들어서서 더 쾌적해지는 가치, 즉 사회가 만든 가치를 공공이 환수하면 어떻게 될까? 당연히 건물을 잘 관리하려고 할 것이고, 그만큼 입주민들은 아파트 관리에 관심을 보일 것이다.

마찬가지로 만약 건물이 낡고 위험해져서 재건축을 한다고 해도 개발이익을 누리기 어렵다면 어떻게 될까? 재건축을 최대한 늦추는 동시에 건물을 잘 관리해 오래도록 사용하려고 할 것이다. 당연히 아파트 관리에 더 많은 관심을 갖게 될 것이다. 그것이 자신에게 이익이기 때문이다. 이렇게 되면 지금까지 우리가 흔히 보아온 아파트의 부패와 갈등은 현저히 줄어들 것이다.

부동산 불로소득이 무관심의 주요한 원인

그렇다. 주민들이 아파트 관리에 무관심한 이유는 부동산 불로소득에 있다. 재건축을 앞당겨서 개발이익인 불로소득을 얻고자 하는 데 관심이 많을수록 아파트 관리비가 제대로 사용되는지에 대한 관심은 떨어질 수밖에 없다. 그런 사람일수록 아파트 공동체 활동에 무관심하다. 재건축 바람이 불어 가격이 오르면 팔고 다른 곳으로 이사할 궁리를 한다. 참여해서 주민들과 함께 꽃을 심고 물을 주고 다양한 공동체 활동을 하는 건 관심 밖이다.

2019년 8월 아파트에 사고가 났을 때 일이다. 아파트 맨 뒷동에 부착되어 있던 배기덕트가 분리되는 사고가 일어났을 당시 우리 아파트 주민 대다수는 혹시 건물이 붕괴하는 게 아닌가 하고 걱정했다. 그러나 "아, 건물이 무너져야 했었는데, 그래야 재건축 허가가 떨어지는데" 하는 입주민들도 상당히 있었다. 재건축으로 인한 개발이익을 기대할 수 없으면 건물 붕괴는 엄청난 손실이지만, 개발이익이 기대되면 건물 붕괴는 엄청난 이익이 되기 때문이다.

　　이렇게 어떤 면으로 보아도 입주민들이 아파트 관리에 관심을 가질 이유는 많지 않다. 때문에 관리비 횡령과 각종 공사 비리가 있다는 걸 알지만, 만 원 더 낼 테니 먹든지 말든지 알아서 하라는 생각이 입주민들 사이에 지배적인 것이다.

　　그렇다면 입법부의 무관심은 무엇 때문일까? 대다수 국민이 사는 아파트에서 이런 갈등과 비리가 빈번하게 일어나고 심지어 자살 혹은 살인 사건도 일어나는데, 왜 이렇게 무관심할까? 그것은 유권자들이 요구하지 않기 때문이다. 시민들로부터 입법 요구가 강했다면 국회(의원)가 가만히 있었을 리 없다.

　　3-4년 전에 아파트 관리비 비리 문제를 해결하려는 시민들의 모임에 참여한 적이 있다. 나는 시간이 안 되어 듬성듬성 참여했지만, 열심히 참여한 사람들은 여러 차례 가진 집중 토론 끝에 나름대로 좋은 대안을 마련했다. 그러나 정책 대안을 공론화하기 위해 국회의원을 섭외해 토론회를 하려고 했지만 쉽지 않았다. 국회의원들에게 아파트 관리 부실 및 부패와 갈등은 앞다퉈 입법 경쟁을 벌일 매력적인 주제가 아닌 것이다.

물론 국회가 부동산 불로소득을 근절하는 대책, 아파트가 사는 곳이 아니라 부의 증식 수단이 되는 것을 차단하는 대책을 세워주면 더없이 좋겠지만, 지금의 국회에 그런 것을 기대하기란 불가능하다.

업무 과부하로 몸살을 앓는 기초 지자체

실상이 이러하므로 일이 몰리는 곳은 기초 지방자치단체다. 기초 지자체에서 아파트 관리를 담당하는 공동주택관리과는 업무 과부하로 몸살을 앓고 있는 것이 현실이다. 동대표 분쟁과 관련한 민원 때문이다. 시청 공무원이 가장 가기 싫어하는 부서가 공동주택관리과라고 할 정도다. 수원시의 경우는 다섯 명이 시 전체 아파트의 관리업무를 관장하는데, 이 인원으로 매일같이 쏟아지는 민원을 제대로 처리하기란 쉽지 않다.

공동주택관리과 공무원들은 막말하는 입주민들에게 시달리는 경우가 비일비재하다. 비리를 발견하고 그걸 해결하려다 낭패를 본 동대표와 입주민이 제일 먼저 찾아가는 곳이 시청이다. 담당 공무원은, 억울한 맘을 부여잡고 시청으로 달려와 이렇게 비리가 생겼는데 왜 공무원이 가만히 있느냐, 처벌해야 할 게 아니냐고 울분을 토하는 사람들의 말에 귀를 기울여야 할 뿐만 아니라, 때론 비리의 주체들이 속이 뻔히 보이는 거짓말을 해도 듣고 있어야 한다.

내가 경험한 수원시의 아파트 행정은 신기할 정도로 적극적이었지만, 다른 시·군·구의 이야기를 들어보면 대부분 민원을 제기하면 사적 자치이니 알아서 하고, 법적으로 문제 있으면 사법기관에 가서 판단을 받으라고 권면한다고 한다. 왜 그럴까? 여력이 없기 때문이다.

또 동대표들의 비리를 발본색원하기 위해 주민 30퍼센트의 동의를 받아 시청에 감사를 청구해도 결과는 신통치 않다. 감사결과보고서에 비리와 불법 행위가 밝혀진다고 해서 바로 해결되는 것이 아니기 때문이다. 불법과 시정명령 사항을 바로잡으려면 감사를 청구한 동대표와 입주민들이 다시 나서야 한다. 이런 현실을 잘 알기 때문에 비리 주체들은 감사결과보고서에 자기들의 불법적 관리비 지출이 드러나도 눈 하나 깜짝하지 않는다.

또 다른 행정부서인 경찰과 검찰도 마찬가지다. 내가 약 30여 차례 경찰서와 검찰청에 조사를 받으러 들락거렸지만, 왜 아파트 동대표들이 고소와 고발을 남발하고 입주민들끼리 재판까지 가려고 하는지 아무도 질문하지 않았다. 그냥 주어진 일을 대충 처리할 뿐이었다. 어떤 땐 할 일 없는 사람 취급을 받기도 한다. 시간이 남아도니까 동대표를 하고 경찰서와 법원을 들락거린다고 생각하는 것이다.

2016년 3월엔가 '몸통'을 고소하기 위해 수원지방검찰청에 방문한 적이 있었는데, 당시 고소장 접수 직원이 나를 한심하다는 듯이 바라본 것이 아직도 기억이 난다. 심지어 그는 내게 "검찰이 얼마나 바쁜데 이런 사소한 걸 가지고 고소장을 접수합니까. 이건 행정 낭비입니다"라고 하기까지 했다. 상당한 모욕감을 느꼈다.

왜 아파트에서 갈등과 비리가 계속되고 있는지 그 원인의 전모를 파헤쳐보았다. 그렇다면 해결책은 없는 걸까? 물론 있다. 갈등을 현저히 줄이고, 아파트 민주주의를 정착시킬 방법은 얼마든지 있다.

대표와 책임,
견제와 균형의 원리를 적용해야 한다

많은 사람들이 우리나라의 주된 주거 형태가 아파트라는 것이 문제라고 지적한다. 익명성과 편리성만 추구하지 공동체성은 애당초 불가능한 주택 유형이란 것이다. 그러나 나는 그렇게 생각하지 않는다. 작금의 운영제도를 개혁하기만 하면 아파트도 얼마든 공동체주의와 개인주의가 조화된 민주주의가 가능한 곳이라고 생각한다. 만약 아파트에서 건강한 민주주의가 작동하면 나라의 민주주의 수준도 자연스럽게 올라갈 것이다.

그러나 지금의 아파트 운영구조는 민주주의와는 거리가 멀다. 대한민국 아파트 열 곳 중 6-7곳은 비리와 갈등에 휩싸여 있다. 갈등도 그냥 갈등이 아니라 사생결단식 갈등이다. 모든 아파트가 그런 것은 아니지만 아파트 입주민을 대표하는 동대표들의 면면을 보면 민주주의라는 단어가 무색할 지경이다. 소통능력은 현저히 떨어지고 균형감각은 찾아볼 수 없는 사람들이 동대표 자리를 꿰차고 있는 경우가 많다. 수많은 아파트에서 공심(公心)은 없고 사심(私心)만 가득한 이들이 회장이랍시고 행세하고 있다.

의식개혁 vs 제도개혁

어떻게 할 것인가? 시원찮은 사람들을 걸러낼 목적으로 토론능력과 소통능력 시험을 봐서 동대표 자격을 부여해야 할까? 아니면 주민들의 무관심을 지적하고 계몽하고 견인해야 할까? 시험을 통한 선출은 불가능하다. 그러면 지적·계몽·견인이 좋은 방법일까? 이것을 '의식개혁론'이라고 할 수 있는데, 의식개혁론이 겨냥하는 것은 주민들의 무관심이다. 그렇다면 '무관심'을 어떻게 흔들어 깨워 '관심'으로 돌릴 수 있을까? 대표적인 수단이 교육이다. 마을 민주주의와 공동체 활성화 등을 주제로 한 교육을 통해 사람들의 의식을 깨우고 아파트 일에 동참하도록 이끄는 것이다.

이와 같은 의식개혁 작업은 물론 필요하다. 교육을 통해 잠자는 시민의식을 일깨우고 괜찮은 입주민을 동대표로 참여시키는 일은 반드시 해야 할 일이다. 그러나 의식개혁은 언제나 보조 수단임을 기억해야 한다. 왜냐하면 인간의 의식에는 현실을 규정하는 능동적 의식과 현실에 의해 규정당하는 수동적 의식이 있기 때문이다.

2018년 11월, 우리 아파트에서는 의식개혁의 일환으로 마을학교를 개최했다. 이를 통해 알맹이 있는 성과가 있긴 했지만 냉정하게 평가해 효과적이라고 하긴 어려웠다. 효과도 오래가지 않았다. 아파트의 척박한 현실에 부딪히다 보면 마을학교로 한껏 고양된 의식은 이내 사그라들고 만다. 의식이 현실에 의해 규정당한다는 것이다.

의식개혁론은 마치 부동산 투기로 돈을 벌고 싶은 사람에게, 투기는 나라경제 전체를 망치고 집 없는 사람들을 더욱 고통에 몰아넣는 결과를 낳으니 단념하라고 교육하면 부동산 투기가 사라질 것이라고 믿는 것과 같다. 이런 계몽에 설득되어 투기를 포기하는 사람도 있겠지만, 설득된 의식도 시간이 지나면 투기 바람이 부는 현실 앞에서 곧 무너지고 만다.

그래서 제도개혁이 본질적 수단이고 의식개혁의 최종 목표는 제도개혁이어야 한다는 것이다. 제도개혁이란 앞서 예를 든 것처럼 부동산 투기로 돈을 벌겠다는 생각을 버리라고 하는 것이 아니라, 부동산 투기가 노리는 불로소득(매매차익+매입가격의 이자를 초과하는 임대소득)이 발생하지 않도록 제도를 만드는 것을 말한다. 투기의 원인을 제거하는 것이다.

마찬가지로 허세와 탐욕으로 가득 찬 동대표들이 저지른 비리를 규명·규탄하고 입주민들의 정의감과 상식에 호소할 것이 아니라(물론 지금 단계에선 꼭 해야 할 일이다), 그런 사람들이 노리는 뒷돈 챙기기와 막강한 권력 휘두르기가 불가능한 구조를 만들자는 것이다. 공공의 역할은 바로 여기에 집중되어야 한다.

견제와 균형

제도개혁의 방향은 어떠해야 할까? 민주주의의 기본 원리인 대표와 책임의 원리, 그리고 견제와 균형의 원리가 작동하도록 만드는 것이다.

아파트 운영에서 가장 심각한 문제는 비전문가인 회장(동대표)의 권한이 막강하다는 것이다. 회장이 주도하는 입주자대표회의가 관리소장과 직원을 배치하는 위탁관리업체를 선정할 뿐만 아니라, 청소용역업체와 경비용역업체, 그리고 각종 공사업체를 선정한다. '선정'한다는 것은 결국 관리소장을 포함한 유급직원들의 임면권과 관리비 배분권을 쥐고 있다는 것이다. 힘의 역학관계가 이러하므로 관리소장은 회장이 원하는 대로 할 수밖에 없고 자신이 가진 전문성을 발휘하기 어렵다. 대개의 경우 전문성 발휘는 회장의 관심사가 아니기 때문이다.

물론 회장이 상식적이고 공심(公心)이 있으면 아파트가 정상적으로 운영될 수 있다. 관리소장도 전문성을 발휘할 수 있다. 그러나 그런 회장은 매우 드물다. 어쩌다가 한번 나올까 말까다. 또 어떤 경우엔 수구적인 동대표들이 개혁적인 회장을 몰아내기도 한다. 이런 까닭에 어떤 때는 아파트가 정상적으로 운영되다가 순식간에 망가지는 일이 허다한 것이다. 그런데 회장은 주어진 권한에 비해 책임은 약하다. 상당수의 책임은 전문가인 관리소장이 지게 되어 있다. 이러니 사심 가득한 사람에게 아파트 회장은 매력적인 자리가 아닐 수 없다. 게다가 감시의 눈도 없다.

그러므로 개혁의 방향은 관리소장에게 임기를 보장해주고 전문성을 발휘할 수 있는 권한을 부여하는 것이어야 한다. 그것과 동시에 권한에 상응하는 책임을 지도록 하는 것이다. 다시 말해 현재 공동주택 관리법에 명시된 것처럼, 회장과 관리소장이 각자의 업무를 침범할 수 없는 구조를 만들자는 것이다.

이것을 현실로 만들려면 아파트 관리소장에 대한 임면권을 지자체가 가져야 한다. 명백한 불법을 저지르지 않는 한 관리소장의 규정된 임기를 보장해야 한다. 요컨대 핵심은 관리소장에 대한 임면권을 아파트 회장에서 지자체로 옮기는 것이다.

입주민 스스로 선택하도록 해야

이에 대해 '아파트라는 공동주택의 재산권은 소유자들에게 있고, 소유자의 대표인 회장이 재산관리인인 관리소장을 고용하는 것이 당연한데, 왜 공공이 가져가느냐, 재산권 침해다'라고 의문을 제기할지 모르겠다. 그러나 이것은 어떤 구조가 아파트 주민의 재산권을 잘 보호할 수 있느냐의 관점에서 보아야 한다.

국가의 존립 목적은 국민의 생명과 재산을 보호하는 것이다. 하지만 지금과 같은 운영구조는 아파트라는 주민의 재산을 제대로 보호할 수 없다. 탐욕으로 가득 차 있는 비전문가인 회장이 아파트 관리를 좌우하기 때문이다. 주민들이 낸 관리비가 아파트의 건물관리에 제대로 투입되지 않으니 아파트 관리는 부실해지고 주민의 재산권은 그만큼 침해받을 수밖에 없는 구조다. 요컨대 재산권 보호 차원에서 보면 회장에게 관리소장의 임면권을 부여하는 것보다 지자체에 부여하는 것이 낫다는 것이다.

그렇다면 권한이 커진 관리소장에게 그에 걸맞은 책임을 어떻게 지게 할 수 있을까? 가장 좋은 방법은 지자체에 의한 감사공영제 실시다. 지금까지 아파트에서 진행되는 외부 회계감사는 전혀 효과적이지 않았다. 감사 대상이 감사인을 선정하기 때문이다. 때문에 감사인은 감사 대상이 원하는 '적정' 의견이 담긴 감사보고서를 제출할 수밖에 없었다. 감사공영제는 관리소장의 책임성을 강화하는 현실적 방안이다.

여기에 더해 2017년 강남구가 실시해 효과가 검증된 계약심사제를 도입해야 한다. 적어도 5천만 원 이상의 공사와 3천만 원 이상의 용역 계약은 제대로 계약이 되었는지 지자체가 의무적으로 조사하는 것이다. 이렇게 하면 각종 공사와 용역 입찰을 둘러싼 부패는 크게 줄어들고 관리소장의 책임성도 강화될 것이다.

여기서 중요한 것은 지자체의 관리소장 임면제와 감사공영제, 계약심사제는 패키지라는 것이다. 만약 임기가 보장된 관리소장을 지자체가 임명하고 기존 방식으로 외부 감사를 받게 되면 관리소장의 부패를 막기 어렵고 책임성도 담보할 수 없다. 마찬가지로 지금처럼 공사업체와 용역업체를 선정하면 관리소장의 부패를 차단하기 어렵다. 지자체의 관리소장 임면제가 관리소장에게 전문성을 발휘할 '권한'을 부여하는 것이라면, 감사공영제와 계약심사제는 관리소장의 '책임'을 담보하는 장치다.

그러면 공동주택관리법을 어떻게 개정해야 할까? 지자체의 관리소장 임면제와 감사공영제와 계약심사제를 법이 의무로 규정할 것인지,

아니면 아파트가 선택하게 할 것인지가 관건인데 나는 후자가 낫다고 생각한다. 입주민 50퍼센트 이상이 "관리소장 임면제·감사공영제·계약심사제"를 지자체에 요청하는 아파트에 한해서만 실시하는 것이다.

즉 아파트의 입주민들이 기존의 "회장의 관리소장 임면제·외부 회계감사제·공사와 용역에 대한 자율 계약제"를 선택할 것인지, 아니면 지자체에 의한 "관리소장 임면제·감사공영제·계약심사제"를 선택할 것인지 결정하도록 하는 것이다.

개혁의 예상효과

공동주택관리법을 이렇게 개혁하면 어떤 일이 일어날까? 먼저 동대표들의 수준이 자연스럽게 올라간다. 사심이 가득하고 분별력이 떨어지는 사람들이 굳이 동대표가 되려고 하지 않을 것이다. 왜냐하면 개혁된 제도하에서는 위세를 부리거나 뒷돈을 챙기기가 어렵기 때문이다. 반면에 공심이 있고 공동체 활동에 관심을 가진 사람들의 진입 가능성은 높아진다. 이렇게 제도개혁은 사심 가득한 사람 자체를 겨냥하는 것이 아니라 그런 사람들이 노리는 걸 제거하는 역할을 한다.

여기에 덧붙여, 동대표들의 활동비를 통장 수준(월 30만 원)으로 올려야 한다. 헌신적이고 봉사정신이 투철한 사람만 하는 게 아니라, 기여에 비례하는 보상이 주어지길 기대하는 평범한 사람도 동대표로 참여할 수 있도록 해야 한다.

두 번째로, 개혁된 제도하에서는 지자체 공동주택관리팀의 민원처리 부담이 획기적으로 줄어들 것이다. 동대표들과 관리소장의 불법과 비리로 인한 민원이나, 동대표들 간에 벌어지는 사생결단식 갈등으로 인한 민원이 크게 줄어들기 때문이다.

세 번째는, 관리비가 절감될 것이다. 관리소장의 전문성이 발휘되고 건강한 감사 시스템이 작동하면 공사의 거품이 빠지고 불필요한 물품 구입이 줄어들기 때문이다. 그리고 적기에 효과적인 공사를 추진하기 때문에 아파트의 건물상태도 양호해질 것이다.

마지막으로, 아파트 공동체의 가능성이 높아질 것이다. 아파트는 다양한 직업과 재능과 관심을 가진 사람들이 모여 사는 곳이다. 회의실 공간도 있고 최근에 짓는 아파트는 도서관과 운동시설도 갖춰놓고 있다. 따라서 아파트 안에서 음악회 등 다양한 행사를 기획할 수 있고, 강연회나 바자회 등도 얼마든 개최할 수 있다.

지금까지 이런 공동체 운동이 활성화되지 않은 이유는 동대표들이 이런 데에 관심이 없었을 뿐만 아니라, 공동체 활성화에 대한 재정지원 절차 등이 투명하고 합리적이지 않았기 때문이다. 그러나 대표와 책임의 원리, 견제와 균형의 원리가 작동하면 공동체성은 자연스럽게 높아질 것이다.

그 외에 필요한 개혁 방안

그 외에 필요한 개혁 방안으로 첫 번째는, 전국 아파트의 모든 관리비를 공개·비교토록 하는 것, 즉 관리비의 투명성을 강화하는 것이다. 물론 지금도 관리비는 정부 사이트(k-apt.go.kr)에서 공개하고 있다. 하지만 지금의 공개는 공개 항목이 포괄적이라는 데에 문제가 있다. 아파트마다 관리비를 처리하는 방법이 다르기 때문이다. 따라서 단순한 관리비 비교가 아니라 관리비 체계를 좀 더 세분화하고 표준화해 항목간 비교가 가능하도록 만들어서 공개해야 한다. 그래야 투명성이 제고되고 비리가 차단된다.

또 하나 개혁해야 할 과제는 장기수선충당금의 요율을 각 아파트가 알아서 결정하게 할 것이 아니라 기본형 건축비와 감가상각과 주기적 수선을 고려해 정부가 정하도록 해야 한다. 만약 지금처럼 장기수선충당금을 아파트가 정하도록 두면, 장기수선충당금을 현실화하기가 매우 어렵다. 왜냐하면 동대표들과 관리소장은 입주민이 싫어하는 관리비 인상을 부담스러워하기 때문이다. 그리고 이렇게 정부가 정해야 아파트마다 장기수선충당금의 적립 상태를 비교할 수 있다.

한편 아파트의 행정 서식을 표준화하고 따로 서류 보관을 할 필요가 없도록 정부가 행정전산망을 구축해 모든 아파트가 사용하도록 유도할 필요가 있다. 현재 아파트 관리업무의 가장 큰 문제 중 하나는 아파트별로 표준화된 업무 시스템이 없다는 것이다. 다시 말해 아파트별로 서류의 종류나 명칭과 처리 방법 등이 각각 다르다. 이런 상황인데도 공동주택관리법은 회계서류 보존연한을 5년으로 하고 장기수선계획 공사의 서류 보존연한은 무려 영구보존으로 설정했다. 하지만 한두해도 아니고 그 많은 서류를 보관해야 하는 문서고를 아파트에서 마련하기란 쉽지 않다.

바로 이런 문제를 해결하기 위해 행정전산망이 필요하다는 것이다.

현재 관공서는 행정전산망을 이용해 표준화된 문서로 각종 업무를 처리한다. 만약 정부처럼 아파트 관리에 필요한 모든 사항을 행정전산망에 넣고 그 안에서 업무가 이루어지고 서류도 보존되도록 하면, 서류보관 문제는 자연스럽게 해결되고, 문제가 생겼을 때 원인도 쉽게 찾을 수 있다. 또한 지자체의 아파트 관리도 쉬워진다. 물론 사용료는 개별 아파트가 부담해야 한다.

마지막으로 추가할 것은 아파트 관리에 대한 주무부서를 국토교통부에서 행정자치부로 이관해야 한다는 것이다. 국토교통부는 아파트 공급 부서이고, 행정자치부는 주민자치를 정착시키는 부서다. 아파트 운영은 이제 주민자치, 민주주의 차원에서 접근해야 한다. 또한 현재 아파트 관리는 행정자치부 산하의 기초지자체가 담당하고 있기도 하기 때문이다.

물론 여기에 보유세를 획기적으로 강화하고 개발이익을 환수한다면, 다시 말해 재건축을 하더라도 개발이익을 크게 누릴 수 없도록 하면, 아파트 관리에 대한 주민들의 관심은 더 높아져 비리와 갈등의 가능성이 완전히 차단될 것이다. 아파트 가치는 토지 가치, 즉 위치가 아니라 건물 가치로 결정되기 때문이다. 이렇게 되면 아파트 소유자들은 아파트를 더 오래 사용하려고 할 것이고, 양호한 건물상태를 유지하기 위해 관리비에 관심을 갖게 되고 나아가 아파트 운영에 참여하려 할 것이다. 그것이 자신에게 이익이 되기 때문이다.

이와 같이 아파트의 제도개혁 방안은 얼마든 가능하다. 해법은 의식개혁이 아니라 제도개혁에서 찾아야 한다. 제도개혁이 본질적 수단이고, 의식개혁은 보조적 수단이며 제도개혁의 보완 기능을 담당해야 한다. 그리고 개혁의 방향은 대표와 책임의 원리, 견제와 균형의 원리를 적용하는 것이어야 한다.

주민자치운동은
아파트공동체운동을 중심에 두어야 한다

아파트 입주자대표회의 회장 4년의 경험은 정말 파란만장했다. 전반기 2년은 인생 최대 고난의 시기였다면, 후반기 2년은 뜻이 맞는 사람들과 함께 만들어간 즐거운 시간이었다. 그러나 나의 경우는 일반화하기 어려운 특이한 사례다. 적폐세력을 몰아내고 개혁에 성공할 수 있었던 것은 무엇보다 아파트 내에 나를 돕는 사람들이 있었고, 수원시의 적극적 행정이 있었기에 가능했다. 또 법률 지원을 해준 법무법인 에셀의 오재욱 변호사가 없었으면 불가능한 일이었다. 오 변호사는 직업 그대로 나의 '변호인'(advocate)이었다. 내가 아는 많은 아파트 투사들은 적폐세력과 싸우다 병들고 이사 가거나 중도에 포기하는 경우가 대부분이었다. 어쩌다가 승리해서 아파트를 건강하게 바꾸었더라도, 다시 엉뚱한 사람들이 들어와 나빠지는 경우가 많았다.

내가 '아파트 분투기'라는 제목으로 이 책의 초고가 된 원고를 연재했을 때, 아파트 동대표 혹은 회장을 해야 할지 말지 의논해오는 사람들이 생기기 시작했다. 그러면 나는 그 아파트의 상황을 묻는다. 너무 심각한 경우에는 하지 말라고 하고, 문제가 있지만 그래도 덤벼볼 만하다고 하면 혼자 하지 말고 맘 맞는 사람 두세 명과 함께하라고 조언한다. 물론 평온한 상황이면 적극적으로 참여하라고 독려한다.

4년의 경험을 통해 얻은 유익

"당신은 입만 열면 정의를 말하면서 왜 마을 일에는 관심이 없냐?"는 지인의 충고에 마음이 찔려 시작한 회장 4년이 내게 준 유익은 무엇일까? 두말할 것 없이 '만남'이다. 내가 회장을 하지 않았으면 만나지 못했을 사람들을 정말 많이 만났다.

가장 먼저 떠오르는 만남은 나와 사회관이 많이 다른 입주민들과의 만남이다. 그들이 내게 준 도움은 컸고, 또 많은 것을 배웠다. 아파트 상가의 치맥집 사장과 인테리어 사장, 정육점 사장과의 만남도 생각난다. 말할 수 없는 고통을 겪고 있는 나를 불쌍히 여겼던 그들은 중요한 정보를 아파트 주민들에게 알려주는 스피커 역할을 했고, 아파트가 돌아가는 상황을 내게 전달해주기도 했다.

또 나비정원을 하면서 만났던 중·고등학교 아이들, 함께 꽃을 심고 물을 준 주민들의 얼굴도 떠오른다. 놀이터개선위원회에서 만난 젊은 엄마들의 헌신도 생각난다. 고등학교 국어 교사로 근무하다 정년퇴임한 시인, 장애를 가진 서른 살의 딸을 돌봐야 하는 아저씨도 만났다. 그 아저씨는 내가 악몽에서 빠져나오는 데 큰 도움을 주었고 지금도 아파트에서 만나면 반갑게 인사를 나눈다.

함께 동대표를 했던 사람들과 일을 도모한 경험도 참 귀했다. 또 온 종일 손자를 돌봐야 하는 정 많은 아주머니와도 함께 일을 도모했다. 집집마다 방문해 서명을 받아준 우리 아파트의 세월호 활동가 주민들, 우리 아파트 주민이 아님에도 우리 아파트의 공동체 운동을 돕기 위해 아무 대가 없이 도움을 준 조안나 선생과의 만남은 나에게 많은 생각을 하게 했다. 그리고 임기 초부터 마지막까지 회의에 참관해 때로는 나를 위해 막말을 해대는 저들과 혼자 설전을 벌인 한 '여성' 입주민과의 만남도 잊혀지지 않는다. 그는 내가 두 번째 임기를 시작할 무렵 고향에서 보내온 단감을 보내주기도 했다.

시청 공동주택관리과 공무원들과의 만남도 떠오른다. 지금은 부서를 이동했지만 상식을 세우기 위해 애썼던 이상백 주무관의 적극적 행정은 내게 큰 도움을 주었고, 배기덕트 재난사건 때 투혼을 발휘한 최연경 팀장과의 만남도 귀했다. 물론 안 좋은 기억으로 남은 만남도 있다. 아파트 운영은 어떻게 되든 내 알 바 아니고 오로지 아파트값 안 올라간다고 나를 비난하던 사람들도 있었다.

이런 만남은 내가 아파트 회장 활동을 하지 않았으면 불가능했던 만남이었다. 이 만남으로 나는 넓어지고 깊어졌다. 만남은 축복이었다. 아픔만큼 성숙해졌다.

또 하나의 유익은 경찰과 검찰과 기초 지자체와 법원이 어떻게 움직이는지 비로소 알게 되었다는 점이다. 전에 나는 고소와 고발, 민사재판과 형사재판을 명확하게 구분하지 못했다. 검찰이 기소권을 독점했다는 것의 의미도 잘 몰랐다. 그러나 내가 당사자가 되어보니 그 뜻을 바로 알게 되었다. 지자체의 행정 방식도 알게 되었다. 고소·고발을 당하기도 하고 직접 고소·고발을 하기도 해서 이제 고소장과 법원에 제출하는 준비서면도 어느 정도 작성할 줄 안다.

주민자치의 현주소

회장 4년을 통해 나는 우리나라의 주민자치 혹은 마을 만들기의 현실을 볼 수 있었다. 주민자치에서 가장 중요한 것은 주민들의 자발적 참여다. 그런데 내가 경험한 바로는 지금의 주민자치는 '일부' 주민들의 참여로만 진행된다. 물론 일부 주민들은 자영업자가 다수다. 이런 상태에서 추진하는 주민자치와 마을 만들기가 얼마나 효과적일지 솔직히 나는 회의적이다. 중요한 점을 놓치고 있다고 보기 때문이다.

그것은 주민자치와 마을 만들기 활동이 '아파트'를 간과한다는 점이다. '마을 만들기' 하면, 시골 동네의 정자가 떠오르고 단독주택과 빌라가 있는 골목이 생각나지만, 사실 도시의 주된 주거 형태는 아파트다. 수원시만 해도 열 명 중 일곱 명의 시민이 아파트에 살고 있다. 그렇다면 마을공동체 운동은 건강한 아파트 자치운동을 빼놓고서는 생각할 수 없다.

하지만 지자체는 아파트를 여전히 막연한 '자치영역'으로 분류해놓고 있다. 지금 아파트에서의 자치란 사심으로 가득 찬 회장이 황제 노릇을 하는 것이 현실인데도 말이다. 주민자치운동, 마을공동체운동이 답보상태에 빠진 까닭이 바로 여기에 있다고 나는 생각한다.

도시에서의 주민자치운동은 아파트공동체운동을 중심에 두어야 한다. 그렇게 하려면 평범한 일상을 살아가는 주민들이 동대표가 되어 아파트 운영에 참여하고, 다양한 자생단체들이 나올 수 있는 생태계를 구축해야 한다. 아파트공동체운동 없는 주민자치운동은 허상이다. 요컨대 아파트의 운영제도를 개혁해 주민자치가 가능하도록 해야 한다.

촛불 시민들에게 고함

2016년 후반 광화문에서 촛불을 들었던 시민들을 내가 사는 아파트에서도 만나 함께 위기를 넘고 새로운 실험도 하고 싶었다. 촛불을 들었다는 것은 '국민'주권을 실현하겠다는 것이기에, 몰라서 그렇지 동기부여만 하면 자신이 살고 있는 아파트에서도 '주민'주권을 실현하기 위해 나설 수 있다고 본 것이다. 그러나 아파트에서 만난 촛불 시민들은 한사코 참여를 거부했다. 분석도 잘하고 본질 파악도 빠르고 말도 잘 통했지만 거기까지였다. 아쉬움이 컸다.

그래서 나는 '촛불'과 거리가 있어 보이는 입주민들과 함께 일을 도모했다. 자기가 가진 생각을 일목요연하게 정리하는 데 능하거나 사회 이슈에 대해 뚜렷한 자기 입장을 견지한 사람들은 아니었다. 주민이 낸 관리비를 함부로 쓰면 안 된다는 상식, 입주민이 뽑은 회장을 아무 이유 없이 해임시키면 안 된다는 상식, 가능하면 주민들이 함께 모여 꽃을 심고 물을 주면 좋겠다는 마음을 가진 사람들과 나는 함께했다.

나는 촛불 시민에게 고하고 싶다. 자신이 사는 마을에 관심을 가져야 한다고. 아파트마다 촛불 시민이 모이면 비리와 갈등은 발붙이기 어려울 것이라고. 촛불 시민들이 아파트 운영제도를 바꾸자고 외치면 개혁의 가능성은 훨씬 높아질 것이라고. 그 추운 겨울날 100일이 넘게 촛불을 들고 함성을 지르고 나서야 대통령 하나 겨우 바꿨지만, 즉 국민주권을 실현했지만, 아파트는 자기가 생각한 것이 바로 현실이 되는 곳이라고.

아파트에서 주민주권의 실현은 훨씬 쉽다. 무엇보다도 재밌다. 국가가 변하면 마을이 달라지기도 하지만, 가장 작은 단위인 아파트의 변화가 누적되어야 국가라는 전체가 바뀐다는 생각도 가졌으면 좋겠다.

나는 이제 평범한 일반 입주민으로 돌아와 '나비정원'이라는 자생단체에 시간이 될 때마다 참여하고 있다. 나비정원은 주민들이 각 동 화단을 직접 가꿀 수 있도록 신청자에게 화초를 나눠주는 일을 하고 있는데, 신기하게도 신청자가 점점 늘어나고 있다. 그리고 작년처럼 이 활동에 참여하는 초·중·고교 학생들에게 봉사점수를 부여하고 있다. 봉사점수를 얻는 학생들 마음속에 생명감수성이 자란다는 점, 또 학생들의 이런 경험이 분명 그들의 삶에 긍정적 자양분이 될 것이라는 점 등을 생각하면 가슴 한편에 뿌듯함이 자리잡는다. 그뿐 아니라 나비정원은 이번 가을에 각자 가진 재능을 입주민들에게 나누는 아카데미도 계획하고 있다. 이렇게 앞으로도 즐겁고 가벼운 마음으로 내가 할 수 있는 일을 주민들과 함께 해나가려고 한다.